Miss Grünkerns Küche

Ronja Pfuhl

Miss Grünkerns Küche

50 Rezeptlieblinge, die keinen Aufwand machen

Inhaltsverzeichnis

Miss Grünkerns Küche

Willkommen in Miss Grünkerns Küche

Ich stehe supergerne in der Küche und kreiere leckere Gerichte, aber ich bin auch ziemlich faul und ungeduldig, muss ich gestehen. Ich arbeite zum Beispiel seit vielen Jahren mit nur zwei Herdplatten, da die anderen beiden (durch meine Ungeduld) kaputtgegangen sind. Die Faulheit hat dafür gesorgt, dass es bis heute nur noch zwei funktionierende Herdplatten im Hause Grünkern gibt. Aber alles kein Problem. Bisher hat es nur dafür gesorgt, dass meine Kreativität gefördert wurde und so viele leckere, einfache Rezepte entstanden sind.

Also, bei mir muss es schnell und einfach sein. Hübsch aussehen soll es selbstverständlich aber trotzdem. Schließlich fotografiere ich oft meine Gerichte und möchte, dass sie möglichst appetitlich dargestellt werden und zum Nachkochen anregen.

Meine liebsten Gerichte sind die, die supereinfach gemacht sind, aber nach viel mehr ausschauen. Stundenlang in der Küche stehen war gestern, aber die Gäste werden trotzdem mehr als begeistert sein. Mit meinen 50 Lieblingsrezepten kannst du auf jeden Fall das Beste aus deiner Zeit rausholen. Lass dich nicht von den hübsch dekorierten Bildern beirren, wie gesagt, es sieht aufwendiger aus als es ist, und ich bin mir sicher, du bekommst das genauso toll hin!

Ronja

DIE WICHTIGSTEN TRICKS FÜR EINFACHES KOCHEN

Mit der Zeit habe ich so einiges in meiner Küche gelernt. Damit auch du davon profitieren und das Beste aus deiner Zeit und deinen Zutaten rausholen kannst, findest du hier meine Tricks für einfaches Kochen.

Weniger ist mehr – du brauchst nicht viele Zutaten

Es schmeckt ohnehin oft viel besser, wenn du nur ein paar ausgewählte, aber gut zueinanderpassende Komponenten verwendest.

Die meisten meiner Rezepte bestehen aus nicht allzu vielen Grundzutaten. So was wie Backpulver, Essig, Salz, Gewürze, Dekoration oder Toppings zähle ich da jetzt mal nicht mit, die sind ja sowieso sehr variabel.

Die wenigen Zutaten haben nicht nur den Vorteil, dass sie schneller zusammengesucht und zusammengemixt sind, auch ist die Wahrscheinlichkeit sehr hoch, dass du sie bereits in deiner Küche findest. Außerdem hat es auch geschmacklich einen Vorteil, wie ich finde. Ich denke da nur mal an meinen Freund, dessen Motto beim Kochen »Viel hilft viel!« ist. Meine Geschmacksnerven sind davon immer extrem überfordert. Ich möchte die einzelnen Komponenten gerne noch herausschmecken und sie intensiv wahrnehmen.

Damit es auch mit wenigen Zutaten schmeckt, sollten diese aber immer frisch und von guter Qualität sein.

Verwende frisches Obst, Gemüse und Kräuter

Dir wird sicher schon aufgefallen sein, dass die Bilder zu meinen Rezepten meistens voll mit frischem Gemüse, aber vor allem frischem Obst sind. Das ist für mich die einfachste Art, ein Gericht ganz einfach richtig toll aufzuwerten. Die Natur bietet so viel Schönheit, so viele Farben und gleichzeitig so viel Geschmack. Da braucht es keine aufwendige Deko, Zuckerdekor, Fondant oder Ähnliches. Ein bisschen Himbeersauce, frische Himbeeren und Kekskrümel, als i-Tüpfelchen noch ein frisches Minzeblättchen, und schon ist aus dem langweiligen Pancake-Stapel ein echter Hingucker geworden. Hier darfst du auch gerne mal übertreiben und ein paar mehr Beeren verwenden. Das sieht direkt total pompös aus, obwohl es nur einfache Beeren sind, die zudem auch noch supergesund und kalorienarm sind. Damit dein Obst und Gemüse aber noch hübsch anzusehen ist, verkoche es bloß nicht!

TIPP:
Hol dir Kräuter in Töpfen nach Hause. Das sieht schön aus und du hast immer etwas Grünes zum Dekorieren vorrätig.

Verzichte auf lange Garzeiten

Abgesehen davon, dass bei langen Garzeiten das gute Gemüse verkocht, was sowohl optisch als auch geschmacklich meist nicht gewünscht ist, ist das alles Zeit, die du sicher besser investieren kannst.

Meine Tipps für Zeitersparnis beim Kochen und Backen:

1. Nudeln mit kurzer Kochzeit verwenden. Kartoffeln klein schneiden, um die Garzeit zu verkürzen.
2. Kochwasser vorher im Wasserkocher aufkochen oder direkt heißes Wasser aus dem Hahn verwenden und den Topf mit Deckel verschließen, damit es schneller kocht.
3. Ruhezeiten nutzen, um andere Dinge zuzubereiten oder aufzuräumen.
4. Die richtige Reihenfolge bei der Zubereitung überdenken.
5. Alle Zutaten vorher bereitstellen und abmessen/abwiegen.
6. Den Backofen rechtzeitig vorheizen.
7. In einer sauberen und aufgeräumten Küche starten.

Punkt 4, »die richtige Reihenfolge bei der Zubereitung«, ist für mich einer der ausschlaggebendsten Punkte, besonders beim Backen. Ich setze mich vorher immer kurz hin, lese das komplette Rezept durch und überlege, in welcher Reihenfolge ich am besten vorgehe.

Ein gutes Beispiel: Für ein Rezept brauchst du mehrfach das Handrührgerät mit Schneebesen. Damit du die Schneebesen zwischendurch nicht säubern musst, mixe in der richtigen Reihenfolge. Also zum Beispiel zuerst die Sahne, dann die Mascarponecreme oder erst den hellen Teig, dann den dunklen. Wichtig ist nur, dass zuerst der Teil gemixt wird, der saubere Rührstäbe benötigt. Dasselbe gilt für Schüsseln, Töpfe, Küchenmaschinen usw.

Für Teig reicht eine Schüssel

Auch hier kommt es auf die richtige Reihenfolge an. Verrühre zuerst feuchte Zutaten, siebe dann trockene darauf und vermische alles grob an der Oberfläche. So sparst du Zeit und eine weitere dreckige Schüssel. Wichtig ist ohnehin nur, dass das Backpulver grob mit dem Mehl vermengt ist.

Lass dir helfen: Ofen, Mixer, One Pot

Alles, was der Backofen zubereiten kann, das lasse ich ihn auch gerne übernehmen. Dasselbe gilt für den Mixer. Deswegen sind Gerichte, für die nur eine Rührschüssel, ein Schneebesen, eine Backform und ein Backofen benötigt werden, auch meine liebsten. Bei Herzhaftem benutze ich eigentlich nie mehr als einen Topf und eine Pfanne. Dabei ist es sicherlich auch hilfreich, dass ich mich vegetarisch ernähre, das geht meiner Erfahrung nach sowieso mit weniger Aufwand.

TRICKS FÜR POMPÖSE NACHSPEISEN, BACKWERKE UND SÜSSE FRÜHSTÜCKE – OHNE VIEL AUFWAND

Besondere Ausstecher

Um etwas besonders aussehen zu lassen, muss es eigentlich nur von der Norm abweichen, also nicht so gewöhnlich aussehen. Stell dir ein paar Bananenscheiben auf deiner Frühstücksbowl vor. Ganz gewöhnlich, oder? Und jetzt stell dir vor, diese Scheiben sind mit einem kleinen Ausstecher zu Sternchen oder Herzen geformt. Das löst doch direkt ein ganz anderes Gefühl aus. Das Einzige, was du dafür brauchst, sind ein paar süße Ausstecher und wenige Minuten Zeit. Wenig Aufwand – große Wirkung!

Außergewöhnliche Formen und Farben

Dasselbe gilt für die Form deiner Speisen. Einfach mal anders denken. Tiramisu im Sektglas anrichten, eine kleinere Springform für die Tortenböden nutzen und dafür ganz weit nach oben stapeln oder Käsekuchen einfach mal in kleinen Muffinförmchen backen. Alles, womit deine Gäste nicht rechnen, wird sie erst einmal zum Staunen bringen.

Genauso ist es mit der Farbe. Ich liebe es, meine süßen Speisen mit Beeren zu färben. Das macht überhaupt keinen Aufwand, denn so brauchst du nicht mal künstliche Färbemittel, die du wahrscheinlich nicht zu Hause hast.

Tipp: Verwende Wildheidelbeeren (gibt's meistens gefroren) anstelle der gewöhnlichen Kulturheidelbeeren. Bei Wildheidelbeeren ist auch das Innere blau oder lila, sodass ihre Farbkraft wesentlich höher ist.

Spritzbeutel und -tüllen

Ein paar große und kleine Tüllen und ein Spritzbeutel sollten in keiner Küche fehlen! Der Unterschied zwischen einem Klecks Sahne und einem wunderschön geformten Sahnehäubchen ist optisch gigantisch, macht in der Umsetzung aber kaum mehr Aufwand. Einfach die Sahne oder Creme in den Spritzbeutel füllen und den Rest erledigt die Spritztülle eigentlich von selbst.

Tipp: Schaffe dir ein paar hochwertige und vor allem große Tüllen an. Du kennst sicher die kleinen Plastiktüllen, die bei den Einwegspritzbeuteln dabei sind. Damit lässt sich keine schöne Haube auf einen Cupcake setzen. Für Cupcakes empfehle ich eine Sterntülle mit etwa 1,5 cm Durchmesser.

Frisches Obst

Wie schon im vorherigen Kapitel erwähnt, ist frisches Obst, insbesondere Beeren, dein bester Freund. Es gibt kaum etwas Einfacheres, als Desserts, Gebäck oder auch süße Frühstücke damit zu echten Hinguckern zu machen. Wichtig ist aber, dass die Kombination auch geschmacklich Sinn macht. Auch hier würde ich lieber wenige Obstsorten kombinieren, diese dafür aber in großen Mengen auftischen, als zu viel Durcheinander auf den Teller zu bringen.

Meine liebsten Kombinationen, die auch optisch richtig was hermachen:

- Brombeeren und Erdbeeren – toller Kontrast!
- Zitrone und Mohn
- Erdbeeren und Schokolade
- Blaubeeren und Vanille

Zutaten, die einfach alles lecker aussehen lassen

Ganz vorne steht auf jeden Fall Schokolade, am besten auch noch in geschmolzener Form. Jeder, der halbwegs auf Schokolade steht, kriegt doch direkt einen wässrigen Mund, wenn er irgendwo Schokolade runterfließen sieht. Dasselbe funktioniert aber auch mit allen möglichen Saucen: Ahornsirup, Karamell, Beerensauce, Fruchtsauce oder auch Zuckerguss in verschiedenen Farben.

Hübsches Geschirr

Das Geschirr ist zwar lange nicht so wichtig wie die Speise selbst, sollte aber dennoch nicht vernachlässigt werden. Ein schöner Tortenständer kann deine Torte zum Beispiel noch mal etwas aufwerten. Eine hübsch dekorierte Kaffeetafel lässt dein Backwerk auch direkt in einem anderen Licht erstrahlen.

TIPPS, UM SELBST REZEPTE ZU ENTWICKELN

Ich bekomme oft die Frage gestellt, wie ich es schaffe, eigene Rezepte zu kreieren. Hier ein paar Einblicke und Tipps, wie das bei mir so abläuft.

Grundrezepte entwickeln und perfektionieren

Besonders beim Backen ist es wichtig, dass du schon etwas geübt bist und ein paar Grundrezepte auf Lager hast. Aus einem einfachen Rührteig lässt sich zum Beispiel so einiges zaubern: Muffins, Blechkuchen, Tortenböden – mit Kakao verfeinert oder Beeren untergemischt. Da gibt es unzählige Varianten und viel Potenzial, um Eigenes zu kreieren. Am Anfang ist es aber sicher am besten, mit einfachen Rezepten anzufangen, also mit eben besagten Grundrezepten, und diese erst einmal zu perfektionieren. Bei dem Prozess lernt man einiges über das Verhalten der Zutaten und die richtigen Mengenverhältnisse, um später ohne Probleme Veränderungen am Rezept vornehmen zu können.

Der Mikrowellentrick

Ein Trick, der mich schon oft vor Fehlversuchen gerettet hat, ist dieser: Wenn du dabei bist, eine neue Teigkreation anzurühren, dir aber nicht sicher bist, ob er gut aufgehen wird oder überhaupt zusammenhält, fülle einen Esslöffel Teig in eine kleine Tasse und stelle sie für ein paar Sekunden bei höchster Stufe in die Mikrowelle. Danach kannst du die Konsistenz und den Geschmack direkt überprüfen, ohne gleich deinen ganzen Teig dafür zu riskieren. Kleine Anpassungen kannst du dann am noch rohen Teig vornehmen und ihn erst dann vollständig backen, wenn dir beim Mikrowellentest ein zufriedenstellendes Ergebnis gelungen ist.

Auf diese Idee bin ich durch den Mikrowellenkuchen oder auch Mugcake gekommen. Damit kommst du in wenigen Minuten zum fertigen Kuchen. Mein Lieblingsrezept für einen leckeren Mugcake gibt's übrigens auf Seite 110.

Inspirationsquellen

Das ist ebenfalls eine häufig gestellte Frage: Wo bekomme ich diese ganzen Ideen her? Natürlich lasse ich mich von überall inspirieren. Instagram, Pinterest, eine Google-Suche, Zeitschriften, aber auch Speisekarten in Restaurants, Fertiggerichte im Supermarkt oder Serien und Filme inspirieren mich. Überall, wo ich etwas zu essen sehe, kann es passieren, dass mir neue Rezeptideen einfallen, und dann probiere ich einfach in meiner Küche drauflos.

Wenn ich gezielt ein neues Rezept entwickeln möchte, nutze ich meistens Google und Pinterest und suche nach ähnlichen Rezepten. Ich versuche mir diese aber nicht zu genau anzuschauen, um nicht zu sehr davon beeinflusst zu werden. Am Ende möchte ich ja mein eigenes Rezept kreieren und keine Kopie erstellen.

Das Notizheft

Das Allerwichtigste beim Ausprobieren neuer Kreationen ist dein Notizheft! Es sei denn, du hast so ein gutes Gedächtnis, dass du dir jede Zutat grammgenau und jeden Zubereitungsschritt ganz genau merken kannst. Aber selbst darauf würde ich mich nicht verlassen. Am Ende kommt ein unglaublich gutes Rezept dabei raus, und niemand weiß, wie es sich rekonstruieren lässt. Deswegen halte immer etwas zum Schreiben parat und notiere alles Wichtige sofort.

HINWEISE ZU DEN REZEPTEN

Du musst meine Rezepte nicht immer ganz genau befolgen. Besonders bei den Zutaten gibt es viele Variationen, die in der Zubereitung keinen Unterschied machen. Ich habe es immer genau so aufgelistet, wie ich es am liebsten zubereite, weil es so für mich am besten schmeckt oder ich diese Zutaten eben immer zu Hause habe. Bei folgenden Zutaten kannst du aber ganz nach Belieben wählen, welche Variante du nimmst:

- Milch – egal ob von Kuh, Nuss, Sojabohne oder Getreide.
- Joghurt – alle Rezepte mit Joghurt funktionieren auch mit pflanzlichem Joghurt.
- Mehl – hier kannst du sowohl normales Weizenmehl als auch helles Dinkelmehl verwenden.
- Süßungsmittel – wenn die Rede von Agavendicksaft oder Ahornsirup ist, kannst du ebenso Zucker oder ein beliebiges anderes Süßungsmittel verwenden. Achte nur darauf, dass es am Ende denselben Süßungsgrad hat, bzw. passe die Menge an, wenn es einen anderen Süßungsgrad hat (z. B. bei Erythrit). Bei Rezepten mit größeren Mengen Zucker, wie zum Beispiel Kuchen und Muffins, solltest du alternativ nur ein ebenso festes Süßungsmittel verwenden, da sich sonst die Konsistenz verändern kann.
- Obst und Gemüse – hier kannst du im Grunde ganz nach Lust und Laune variieren.
- Gewürze – würze die Gerichte am besten immer nach deinem Geschmack.
- Vanille – die Form ist völlig egal, ob gemahlen, als Mark aus der Schote, als Paste oder als Aroma.

Vegane Teige – was du beachten solltest

Einige Rezepte in diesem Buch sind vegan. Falls du nicht darin geübt bist, vegan zu backen, solltest du folgende Hinweise noch mal genau durchlesen, bevor du startest:

Apfelessig

Dieser reagiert mit Backpulver zu Kohlensäure und sorgt dafür, dass der Teig aufgeht und fluffig wird. Deswegen solltest du auf keinen Fall den Apfelessig weglassen, wenn er im Rezept aufgeführt ist. Keine Sorge, der Geschmack geht beim Backen vollständig verloren! Ich verwende am liebsten Apfelessig, aber du kannst auch anderen Essig verwenden.

Teig nicht zu lange rühren

Das ist zwar auch bei einigen nicht veganen Teigen wichtig, aber hier besonders! Nach Zugabe des Backpulvers sollte nicht länger gerührt werden als nötig. Also nur so lange, bis sich die Zutaten alle verbunden haben. Andernfalls wird die Reaktion des Backpulvers gestört, und der Teig wird nicht mehr fluffig, sondern eher zäh und fest. Ob die Reaktion gut geklappt hat, kannst du nach der Ruhezeit am Teig sehen. Es sollten sich kleine Luftbläschen gebildet haben. Jetzt darf der Teig auch nicht mehr großartig bearbeitet werden.

Die Stäbchenprobe

Und noch ein Tipp zum Backen: Mach, wenn möglich, eine Stäbchenprobe, bevor du das Gebäck aus dem Ofen holst. Stich dafür mit einem Holz- oder Metallspieß in den gebackenen Teig. Wenn du das Stäbchen herausziehst und es befindet sich noch klebrige Masse daran, ist das Gebäck nicht vollständig durchgebacken. Dann muss es noch etwas in den Ofen. Erst wenn beim Testen kein Teig mehr am Stäbchen kleben bleibt, ist der Kuchen fertig. In den Rezepten ist angegeben, für welche Backwaren ich das empfehle. Bei Mürbeteig brauchst du das beispielsweise nicht zu machen.

Breakfast Sweets

Early Treats

Schoko-Pancakes

Für Naschkatzen, die schon am Morgen Lust auf Schokolade haben!

Zutaten

FÜR 1 PERSON

1 reife Banane oder 100 g Apfelmus

100 ml pflanzliche Milch

10 g Nussmus oder Kokosöl

1 TL Apfelessig

100 g Dinkelmehl (Type 630)

2 TL Kakao (10 g)

1 TL Backpulver

etwas Rapsöl für die Pfanne

25 g Schokolade

3 Schokoladenkekse

1 Handvoll frische Blaubeeren (Heidelbeeren)

Zubereitungszeit: 15 Minuten

Ruhezeit: 10 Minuten

Zubereitung

1. Die Banane schälen und mit der Milch und dem Nussmus mindestens 1 Minute schaumig pürieren. Alternativ die Banane mit der Gabel zerdrücken und gut mit dem Nussmus und der Milch verrühren. Den Apfelessig unterrühren.
2. Anschließend Mehl, Kakao und Backpulver zügig mit dem Schneebesen einrühren. Den Teig nicht überrühren, da die Pancakes sonst nicht fluffig werden. Den Teig 10 Minuten im Kühlschrank ruhen lassen, sodass Essig und Backpulver miteinander reagieren können.
3. Eine gut beschichtete Pfanne mit etwas Öl auspinseln und bei mittlerer bis hoher Temperatur erhitzen. Nach und nach aus je 2 EL Teig fünf bis sechs kleine Pancakes backen. Inzwischen die Schokolade bei höchster Stufe in der Mikrowelle in 1 Minute schmelzen. Einen Schokoladenkeks fein zerkrümeln.
4. Die Blaubeeren abbrausen und trockentupfen. Die Pancakes aufeinanderstapeln, die geschmolzene Schokolade darübergießen und mit allen Keksen und den Blaubeeren dekorieren.

Zitronen-Mohn-Pancakes

Zitrone und Mohn sind ein unschlagbares Team. Vereint in Pancakes liebe ich diese Kombination am meisten.

Zutaten

FÜR 1 PERSON

½ unbehandelte Zitrone

100 ml Mandelmilch

1 EL Ahornsirup

100 g Dinkelmehl (Type 630)

1 TL Backpulver

1 TL Blaumohn

etwas Rapsöl für die Pfanne

1 EL Nussmus

1 Handvoll gefrorene Blaubeeren (Heidelbeeren)

Zubereitungszeit: 15 Minuten

Ruhezeit: 10 Minuten

Zubereitung

1. Die Zitrone waschen, abtrocknen, die Schale fein abreiben und den Saft auspressen. Beides mit Mandelmilch und Ahornsirup vermischen. Mehl, Backpulver und Mohn hinzufügen und kurz verrühren. 10 Minuten ruhen lassen.
2. Eine gut beschichtete Pfanne mit etwas Öl auspinseln und bei mittlerer Temperatur erhitzen. Nach und nach aus je 2 EL Teig fünf bis sechs kleine Pancakes backen.
3. Die Pancakes aufeinanderstapeln, mit Nussmus begießen und die gefrorenen Blaubeeren darauf verteilen.

Tipp: Für einen schöneren Look bei gefrorenen Beeren, friere diese selber ein. Die Beeren, die man gefroren kaufen kann, sehen nicht besonders hübsch aus.

Vanille-Pancakes mit Himbeersauce

Ich mag Pancakes in vielen Varianten, aber dieses Standard-Rezept ist immer noch das beste. So schön fluffig!

Zutaten

FÜR 1 PERSON

1 Ei (Größe M)

1 EL Zucker

100 ml Milch

1 EL Butter

100 g Weizenmehl (Type 405)

1 TL Backpulver

1 Prise Salz

½ TL gemahlene Vanille

2 Handvoll frische Himbeeren

2 Schoko-Doppelkekse mit Cremefüllung (z. B. von Oreo)

1 Stängel frische Minze

Zubereitungszeit: 20 Minuten

Zubereitung

1. Das Ei trennen und das Eiweiß mit dem Zucker steif schlagen. Das Eigelb mit Milch und ½ EL Butter cremig rühren. Mehl, Backpulver, Salz und Vanille gut unter die Eigelbmischung rühren. Zum Schluss den Eischnee unterheben.
2. Die übrige Butter (½ EL) in einer beschichteten Pfanne bei mittlerer bis hoher Temperatur erhitzen. Nach und nach aus je 2 EL Teig fünf bis sechs kleine Pancakes backen.
3. Die Himbeeren abbrausen und trockentupfen. Die Hälfte davon mit einer Gabel zerdrücken, sodass eine Sauce entsteht. Die Kekse fein zerkrümeln. Die Minze waschen, trockenschütteln und die Blätter abzupfen.
4. Die Pancakes auf einen Teller stapeln. Mit Himbeersauce, Kekskrümeln, ganzen Himbeeren und Minzeblättchen dekorieren.

Belgische Waffeln mit Sauerkirschen

Was so ein bisschen Hefe ausmachen kann! Diese Waffeln werden dadurch so schön knusprig und goldbraun. Sehr lecker!

Zutaten

FÜR 1 PERSON

1 Ei (Größe M)

30 g Zucker + 1 EL für die Kirschen

20 g Rapsöl

100 ml Milch

150 g Dinkelmehl (Type 630)

3 g Trockenhefe

1 Prise Salz

1 Prise gemahlene Vanille

1 Glas Sauerkirschen (Abtropfgewicht 195 g)

2 TL Speisestärke

2 EL Naturjoghurt

1 EL Schokoladenraspel

Zubereitungszeit: 25 Minuten

Ruhezeit: 30 Minuten

Zubereitung

1. Das Ei, 30 g Zucker und das Rapsöl 2 Minuten mit dem Schneebesen aufschlagen. Die Milch unterrühren. Mehl, Hefe, Salz und Vanille separat miteinander vermischen und anschließend unter die Ei-Zucker-Mischung rühren. Den Teig 30 Minuten ruhen lassen.
2. Ein Waffeleisen (für belgische Waffeln) aufheizen. Den Teig portionsweise in das Waffeleisen geben und gleichmäßig darin verteilen. Jede Waffel 5 Minuten backen.
3. Die Kirschen abgießen und die Flüssigkeit auffangen. 1 EL davon mit der Stärke und 1 EL Zucker glatt rühren. Die restliche Flüssigkeit in einem Topf zum Kochen bringen.
4. Die Stärkemischung unter Rühren mit dem Schneebesen in die kochende Flüssigkeit gießen und gut einrühren. Anschließend die Sauerkirschen dazugeben, nochmals gut umrühren und vom Herd nehmen.
5. Die noch warmen Waffeln abwechselnd mit den Sauerkirschen übereinanderschichten. Anschließend mit dem Joghurt und den Schokoladenraspeln dekorieren.

Apfelwaffeln

Mein All-Time-Favorit-Rezept, wenn es um Waffeln geht. Durch die Äpfel werden sie nämlich besonders schön süß und aromatisch.

Zutaten

FÜR 2 PERSONEN

2 kleine Äpfel (à etwa 90 g; z. B. Jonagold)

75 g ungesüßtes Apfelmus

1 TL Zitronensaft

150 ml pflanzliche Milch

15 g Rapsöl

1 TL Apfelessig

3 EL Agavendicksaft

230 g Dinkelmehl (Type 630)

1 1/2 TL Backpulver

1 Prise Salz

1/2 TL gemahlener Zimt

1 EL Mandelstifte

2 EL Naturjoghurt

Zubereitungszeit: 25 Minuten

Ruhezeit: 10 Minuten

Zubereitung

1. Einen Apfel schälen und grob in eine Schüssel raspeln. Apfelmus, Zitronensaft, Milch, Öl, Essig und 2 EL Agavendicksaft hinzufügen und gut verrühren. Mehl, Backpulver, Salz und Zimt zugeben und kurz umrühren, bis sich alles verbunden hat. Den Teig 10 Minuten ruhen lassen.
2. Ein Waffeleisen (für belgische Waffeln) auf mittlerer Stufe aufheizen. Den Teig portionsweise in das Waffeleisen geben und gleichmäßig darin verteilen. Jede Waffel 7 Minuten backen.
3. In der Zwischenzeit die Mandelstifte in einer Pfanne ohne Fett goldbraun rösten. Den zweiten Apfel waschen, vierteln, entkernen und in dünne Scheiben schneiden.
4. Die Waffeln mit Joghurt, Apfelscheiben, gerösteten Mandelstiften und dem restlichen Agavendicksaft (1 EL) dekorieren.

Overnight Oats mit Nicecream und gefrorenen Beeren

Durch die Kombination mit Nicecream
habe ich Haferbrei erst wieder so richtig lieben gelernt.

Zutaten

FÜR 1 PERSON

80 g zarte Haferflocken
3 EL gepuffte Quinoa
100 ml Mandelmilch
1 EL Agavendicksaft
1 EL braunes Mandelmus
¼ TL gemahlene Vanille
1 Handvoll frische Blaubeeren (Heidelbeeren)
1 Kugel Blaubeeren-Nicecream (s. S. 55)
1 Handvoll gefrorene Brombeeren
1 TL getrocknete Rosenblütenblätter (zum Verzehr geeignet)

Zubereitungszeit: 5 Minuten
Ruhezeit: über Nacht

Zubereitung

1. Die Haferflocken und 2 EL Quinoa mit Mandelmilch, 100 ml Wasser, Agavendicksaft, ½ EL Mandelmus und Vanille vermengen. Über Nacht im Kühlschrank durchziehen lassen.
2. Am nächsten Morgen die Blaubeeren abbrausen und trockentupfen. Die Overnight Oats gut durchrühren und mit einer Kugel Nicecream, den Beeren, ½ EL Mandelmus, 1 EL Quinoa und Rosenblütenblättern dekorieren.

French Toast Roll-Ups mit Frischkäse-Blaubeer-Füllung

Wenn morgens mal wieder etwas mehr Zeit zum Frühstücken ist, gönne ich mir diese oberleckeren gefüllten French Toast Roll-Ups.

Zutaten

FÜR 2 PERSONEN

1 Pck. Vanillezucker

2 EL Zucker

1 unbehandelte Zitrone

1 Pck. Ei-Ersatz (Pulver; erhältlich im Bio-Supermarkt)

150 ml Mandelmilch

1 EL Ahornsirup

6 Scheiben Sandwichtoast

75 g veganer Frischkäse

100 g gefrorene Blaubeeren (Heidelbeeren)

etwas Rapsöl für die Pfanne

Zubereitungszeit: 20 Minuten

Zubereitung

1. Den Vanillezucker und den Zucker auf einem kleinen Teller vermischen. Die Zitrone waschen, abtrocknen, die Schale fein abreiben und den Saft auspressen.

2. Das Ei-Ersatzpulver mit 50 ml Mandelmilch glatt rühren. Die restliche Mandelmilch, Ahornsirup, Zitronensaft und -abrieb hinzufügen und alles gut verrühren. Die Mischung in einen tiefen Teller geben.

3. Den Rand von allen Toastscheiben abschneiden. Das Toastbrot sollte möglichst weich sein, damit es sich gut aufrollen lässt. Dann Scheibe für Scheibe mit einem Nudelholz platt rollen. Die ausgewellten Toastscheiben mit Frischkäse bestreichen, auf jeder etwa 1 EL Blaubeeren an einer Seite verteilen und von dort aus den Toast vorsichtig aufrollen.

4. Die Toaströllchen kurz in der vorbereiteten Flüssigkeit wenden und abtropfen lassen. Etwas Öl in einer Pfanne erhitzen und die Röllchen darin von allen Seiten bei mittlerer Temperatur goldbraun anbraten.

5. Anschließend direkt im vorbereiteten Vanillezucker wälzen und servieren.

French Toast

Der Klassiker schlechthin, aber in Deutschland völlig unterbewertet. Dabei sind so ein paar Scheiben French Toast so schnell gemacht!

Zutaten

FÜR 1 PERSON

5 frische Erdbeeren

2 EL Ahornsirup

½ TL Zitronensaft

1 Ei (Größe M)

125 ml Milch

¼ TL Zitronenabrieb

1 Prise gemahlene Vanille

etwas Rapsöl für die Pfanne

4 Scheiben Sandwichtoast

ein paar Blätter frische Minze

Zubereitungszeit: 15 Minuten

Zubereitung

1. Die Erdbeeren abbrausen, trockentupfen, den Strunk entfernen und die Beeren vierteln. Zusammen mit 1 EL Ahornsirup und Zitronensaft vermischen und beiseitestellen.
2. Das Ei, die Milch, 1 EL Ahornsirup, den Zitronenabrieb und die Vanille verquirlen und in einen tiefen Teller geben.
3. Etwas Öl in einer Pfanne erhitzen. Die Toastscheiben nach und nach in die Milch-Ei-Mischung tunken, sodass jede Scheibe vollgesogen ist. Anschließend jeweils von beiden Seiten in der Pfanne bei mittlerer Temperatur goldbraun ausbacken. Die Minzeblätter abbrausen und trockentupfen.
4. Die fertigen French Toasts stapeln, mit den Erdbeeren toppen und den Saft der Erdbeeren darübergießen. Mit Minze dekorieren.

Crêpes

Diese Crêpes funktionieren ganz einfach ohne Eier. Ein super Frühstück, wenn man sonst nichts mehr zu Hause hat.

Zutaten

FÜR 1–2 PERSONEN

100 ml Mandelmilch
10 g Agavendicksaft
100 g Weizenmehl (Type 405)
1 Msp. gemahlene Kurkuma
70 ml Sprudelwasser
½ Dose Aprikosen (Abtropfgewicht 240 g)
250 g frische Erdbeeren
1 EL gehobelte Mandelkerne
1 EL Erdbeerkonfitüre
2 EL Naturjoghurt

Zubereitungszeit: 20 Minuten
Ruhezeit: 10 Minuten

Zubereitung

1. Die Mandelmilch mit dem Agavendicksaft, dem Mehl und der Kurkuma zu einem glatten Teig verrühren. Das Sprudelwasser hinzufügen und kurz unterrühren. Den Teig 10 Minuten im Kühlschrank ruhen lassen.
2. Anschließend in einer gut beschichteten Pfanne nach und nach drei Crêpes ausbacken. Diese leicht aufrollen und auf einen Teller legen.
3. Die Aprikosen abtropfen lassen und in mundgerechte Stücke schneiden. Die Erdbeeren abbrausen, trockentupfen und halbieren. Die gehobelten Mandelkerne zerbröseln.
4. Erdbeerkonfitüre und Naturjoghurt auf den Crêpes verteilen. Zum Schluss mit den Früchten und den zerbröselten gehobelten Mandeln dekorieren.

Schoko-Croissants mit Zwetschgen-Wildheidelbeer-Kompott

Was man nicht alles aus so einem fertigen Croissant-Teig zaubern kann! Hier sind deiner Fantasie keine Grenzen gesetzt! Mein Favorit ist eine Mischung aus Schokolade, Zwetschgen und Wildheidelbeeren.

Zutaten

FÜR 3 PERSONEN

3 Zwetschgen

1 Handvoll gefrorene Wildheidelbeeren

2 EL Ahornsirup

1 Prise gemahlener Zimt

1 TL Speisestärke

1 Dose Croissant-Teig

50 g Zartbitterschokolade, gehackt

Zubereitungszeit: 20 Minuten

Backzeit: 10–12 Minuten

Zubereitung

1. Die Zwetschgen waschen, entkernen und klein schneiden. Zusammen mit den gefrorenen Wildheidelbeeren, dem Ahornsirup und dem Zimt in einem kleinen Topf zum Kochen bringen. 5 Minuten köcheln lassen. Anschließend die Stärke mit 2 EL Wasser glatt rühren, unter Rühren zum Kompott geben und einmal kurz aufkochen. Das Kompott in eine Schüssel füllen und etwas abkühlen lassen.
2. Den Backofen auf 190 °C Umluft vorheizen.
3. Den Croissant-Teig ausrollen und die einzelnen Dreiecke mit der gehackten Schokolade bestreuen. Zum Rand etwas frei lassen. Jeweils von der kurzen Seite aufrollen. Die Enden etwas verdrehen und zur Mitte des Croissants drücken, sodass eine kleine Mulde entsteht. Je 1 EL Kompott in die Mulden geben.
4. Nach Packungsanweisung im Ofen in etwa 10–12 Minuten goldgelb backen und noch warm servieren.

Chiapudding

Der Trend ist längst vorbei, aber nicht vergessen. Ich liebe Chiapudding, vor allem mit Beerensauce, nach wie vor sehr!

Zutaten

FÜR 1 PERSON

200 g Naturjoghurt (10 % Fett)

50 ml Milch

15 g Chiasamen

1 ½ EL Agavendicksaft

2 TL Zitronensaft

¼ TL Zitronenabrieb

80 g gefrorene Wildheidelbeeren

1 Handvoll frische Blaubeeren (Heidelbeeren)

1 kleine Handvoll frische Brombeeren

Zubereitungszeit: 10 Minuten

Ruhezeit: 1 Stunde oder über Nacht

Zubereitung

1. Joghurt, Milch, Chiasamen, 1 EL Agavendicksaft, 1 TL Zitronensaft und Zitronenabrieb gut verrühren. Anschließend für mindestens 1 Stunde oder auch über Nacht im Kühlschrank quellen lassen. Nach 15 Minuten einmal umrühren.
2. Die Wildheidelbeeren zusammen mit 1 TL Zitronensaft und ½ EL Agavendicksaft 1 Minute in der Mikrowelle auftauen. Alternativ in einem kleinen Topf auf dem Herd auftauen. Gut verrühren und etwas abkühlen lassen.
3. Etwa drei Viertel der Heidelbeersauce in ein Glas füllen. Den Chiapudding daraufgeben und mit der restlichen Heidelbeersauce toppen. Mit einem Löffel die Sauce, die unten ist, nach oben durch den Chiapudding ziehen, damit ein schönes Muster entsteht. Die frischen Beeren abbrausen und vorsichtig trockentupfen.
4. Den Chiapudding mit den frischen Blaubeeren und Brombeeren dekorieren.

Beeren-Crumble

Dieser beerige Crumble ist ein absolutes Wohlfühl-Frühstück für verregnete, kalte Morgenstunden. Aber auch sehr lecker mit einer Kugel Eis zum Nachtisch.

Zutaten

FÜR 1 PERSON

200 g gefrorene Blau- und Brombeeren

1 ½ EL Agavendicksaft

50 g zarte Haferflocken

15 g Mandelmus

25 g gehobelte Mandelkerne

1 Handvoll frische Blau- und Brombeeren

Zubereitungszeit: 15 Minuten

Backzeit: 15 Minuten

Zubereitung

1. Den Backofen auf 180 °C Umluft vorheizen.
2. Die gefrorenen Beeren zusammen mit 1 EL Agavendicksaft in einem kleinen Topf aufkochen und 5 Minuten köcheln lassen. Anschließend in eine ofenfeste Form füllen.
3. Für die Streusel Haferflocken, Mandelmus, restlichen Agavendicksaft (½ EL) und 15 g gehobelte Mandeln mit einem Holzlöffel oder den Knethaken des Handrührgerätes vermengen, bis grobe sowie feinere Streusel entstanden sind. Diese über die Beeren verteilen. Die restlichen gehobelten Mandeln (10 g) darüberstreuen.
4. Den Crumble im Ofen 15 Minuten backen, bis die Oberfläche schön goldbraun ist. Die frischen Beeren abbrausen und trockentupfen.
5. Anschließend den Crumble 10 Minuten abkühlen lassen und noch lauwarm mit den frischen Beeren genießen.

#BEST
FRiENDS

Beerige Nicecream

Das wohl gesündeste Eis, das trotzdem nach einer Sünde schmeckt! Wenn ich zu viele reife Bananen daheim habe, wandern die auf jeden Fall ins Gefrierfach, damit ich jederzeit leckere Nicecream zubereiten kann.

Zutaten

FÜR 1 PERSON

2 reife Bananen

150 g gefrorene Himbeeren oder Blaubeeren (Heidelbeeren)

¼ TL gemahlene Vanille

1 Handvoll frische Himbeeren oder Blaubeeren (Heidelbeeren)

1 EL gehackte Pistazienkerne

Zubereitungszeit: 5 Minuten

Zubereitung

1. Die Bananen schälen und im Ganzen einfrieren.
2. Die durchgefrorenen Bananen in kleine Stückchen schneiden. Zusammen mit den gefrorenen Beeren in den Hochleistungsmixer geben und zu einem cremigen Eis verarbeiten. Die Nicecream dann sofort genießen oder nochmals für höchstens 2 Stunden einfrieren.
3. Frische Beeren abbrausen und trockentupfen.
4. Die Nicecream mit gehackten Pistazienkernen und frischen Beeren dekorieren.

Anmerkung: Wenn die Nicecream wieder komplett eingefroren wird, ist sie danach leider nicht mehr so cremig.

Tipp: Alternativ können statt Himbeeren auch andere gefrorene Beeren oder Kirschen verwendet werden.

Schoko-Nicecream

Wenn mich im Sommer der Heißhunger auf Schokolade quält, bereite ich mir schnell diese leckere Schoko-Nicecream mit Haselnussmus zu. Schmeckt fast, als würde man eine gekühlte Banane in Nuss-Nougat-Creme dippen.

Zutaten

FÜR 1 PERSON

3 reife Bananen
25 g Haselnussmus
2 TL Kakao (10 g)
1 TL Agavendicksaft
1 TL gehackte Zartbitter-schokolade
1 TL geröstete gehackte Haselnusskerne

Zubereitungszeit: 5 Minuten

Zubereitung

1. Die Bananen schälen und im Ganzen einfrieren.
2. Die durchgefrorenen Bananen in kleine Stückchen schneiden. Zusammen mit dem Haselnussmus, dem Kakao und dem Agavendicksaft in den Hochleistungsmixer geben und zu einem cremigen Eis verarbeiten. Die Nicecream dann sofort genießen oder nochmals für höchstens 2 Stunden einfrieren.
3. Mit der gehackten Zartbitterschokolade und den gehackten Haselnusskernen dekorieren.

Anmerkung: Wenn die Nicecream wieder komplett eingefroren wird, ist sie danach leider nicht mehr so cremig.

Schoko-Bagels

Diese süßen Schoko-Bagels schmecken wie Schokoladenbrötchen frisch vom Bäcker, nur mit einer wunderbar krossen Oberfläche.

Zutaten

FÜR 8 STÜCK

1 Ei (Größe M)

250 g Quark

45 g Rapsöl

100 g Zucker

1 Pck. Vanillezucker

300 g Weizenmehl (Type 405)

2 TL Backpulver

1 Prise Salz

75 g Zartbitterschokolade

1–2 EL Milch

einige frische Blaubeeren (Heidelbeeren; nach Belieben)

etwas Heidelbeerkonfitüre (nach Belieben)

Zubereitungszeit: 10 Minuten

Backzeit: 20 Minuten

Zubereitung

1. Den Backofen auf 175 °C Umluft vorheizen.
2. Ei, Quark, Rapsöl, Zucker und Vanillezucker zu einer homogenen Masse verrühren. Mehl, Backpulver und Salz dazugeben und mit einem Holzlöffel unterrühren, bis sich alles verbunden hat. Die Zartbitterschokolade grob hacken und unter den Teig heben.
3. Mit angefeuchteten Händen aus dem Teig etwa acht Brötchen formen. Jeweils in die Mitte ein Loch drücken und dieses etwas erweitern. Die Schoko-Bagels mit Milch bepinseln.
4. Die Bagels im Ofen etwa 20 Minuten backen, bis sie anfangen leicht zu bräunen. Die frischen Blaubeeren (falls verwendet) abbrausen und trockentupfen.
5. Die Schoko-Bagels kurz abkühlen lassen, aber am besten noch warm mit Heidelbeerkonfitüre und Blaubeeren oder pur genießen.

Croissant-Brezeln

Ich liebe Croissants und ich liebe Brezeln. Dieses Rezept kombiniert beides, was mich wahnsinnig glücklich macht!

Zutaten

FÜR 4 PERSONEN

1 Packung Blätterteig (Kühlregal)

2 Stück Zartbitterschokolade je Brezel (nach Belieben)

2 EL Natron

1 EL Sesamsamen (nach Belieben)

½ TL Meersalz (nach Belieben)

Zubereitungszeit: 20 Minuten

Backzeit: 12–15 Minuten

Zubereitung

1. Den Blätterteig ausrollen und längs in vier gleich große Streifen schneiden. Die Zartbitterschokolade (falls verwendet) grob hacken und auf die Blätterteigstreifen verteilen. Dabei etwas Platz zum Rand lassen. Anschließend die Streifen längs eng aufrollen und zu einer Brezel formen.
2. 1,5 l Wasser in einem großen Topf erhitzen. Wenn es kocht, die Temperatur reduzieren und das Natron vorsichtig hinzufügen. Achtung, das Wasser sprudelt kurz sehr stark auf.
3. Den Backofen auf 180 °C Umluft vorheizen.
4. Die Brezeln in das köchelnde Natronwasser geben und darin etwa 15 Sekunden baden lassen. Anschließend mit einer Schaumkelle herausheben, kurz abtropfen lassen und auf ein mit Backpapier belegtes Backblech legen.
5. Die frisch gebadeten Brezeln nach Belieben direkt mit Sesam oder Meersalz bestreuen und 12–15 Minuten backen, bis sie schön dunkelbraun sind. Abkühlen lassen oder noch warm genießen.

Topfenknödel mit Schokokern

Schnelle Knödel aus Quark, Ei und Haferflocken zum Frühstück: Dieses Gericht habe ich nur durch den Trend auf Instagram kennengelernt. Zum Glück!

Zutaten

FÜR 1 PERSONEN

150 g Magerquark

1 Ei (Größe M)

1 ½ EL Zucker

55–65 g gemahlene Haferflocken

30 g gemahlene Mandelkerne

1 Prise gemahlene Vanille

10 g gehobelte Mandelkerne

3 Stückchen Zartbitterschokolade

125 g frische Himbeeren

1 TL Agavendicksaft

Zubereitungszeit: 25 Minuten

Ruhezeit: 15 Minuten

Zubereitung

1. Den Quark mit dem Ei und 1 EL Zucker verquirlen. 55 g Haferflocken, 15 g gemahlene Mandeln und Vanille hinzufügen und gut verrühren. Nach Bedarf noch mehr Haferflocken zugeben. Der Teig sollte sehr klebrig und nicht zu flüssig sein. 15 Minuten ruhen lassen.

2. Inzwischen reichlich Wasser in einem großen Topf zum Kochen bringen. Die restlichen 15 g gemahlene Mandeln und die gehobelten Mandeln in einer Pfanne ohne Fett anrösten. Anschließend in einen tiefen Teller geben und mit ½ EL Zucker vermischen.

3. Wenn das Wasser kocht, den Herd auf mittlere Temperatur stellen. Mit angefeuchteten Händen den Knödelteig zu drei gleich großen Knödeln formen und dabei jeweils ein Stück Schokolade in die Mitte drücken.

4. Die Knödel vorsichtig in das Wasser geben. Etwa 10 Minuten köcheln lassen, bis sie an die Wasseroberfläche steigen. Die Topfenknödel dann mit einer Schaumkelle herausheben, kurz abtropfen lassen und direkt in der Mandelpanade wälzen.

5. Die Himbeeren abbrausen und trockentupfen. Die Hälfte davon mit einer Gabel zerdrücken und mit dem Agavendicksaft zu einer Sauce verrühren.

6. Die Himbeersauce auf einen Teller geben, die Topfenknödel darauflegen und mit den übrigen ganzen Himbeeren anrichten.

Herzhaft

Schnell & Easy

Halloumi-Avocado-Sandwich

Wenn der schnelle Hunger auf etwas Warmes und Herzhaftes kommt, greife ich gerne zu Sandwiches, gegrillt in der Pfanne.

Zutaten

FÜR 2 PERSONEN

½ Salatgurke
1 Handvoll Babyspinat
1 Avocado
1 Spritzer Zitronensaft
½ Knoblauchzehe
Salz
frisch gemahlener bunter Pfeffer
frisch geriebene Muskatnuss
4 Scheiben Vollkorn-Sandwichtoast
10 g weiche Butter
125 g Halloumi
etwas Rapsöl für die Pfanne
1 EL Mayonnaise
etwas Gartenkresse

Zubereitungszeit: 20 Minuten

Zubereitung

1. Die Gurke waschen und längs in dünne Scheiben schneiden. Den Spinat waschen und trockenschleudern. Die Avocado halbieren, entkernen, das Fruchtfleisch aus der Schale lösen, mit einer Gabel zerdrücken und mit Zitronensaft vermengen. Knoblauch abziehen, pressen und unter die Avocadocreme rühren. Diese mit Salz, Pfeffer und Muskat abschmecken.
2. Die Toastscheiben jeweils von einer Seite leicht mit Butter bestreichen und mit dieser Seite nach unten in eine heiße Grillpfanne legen. Den Halloumi in vier Scheiben schneiden und in einer beschichteten Pfanne mit etwas Öl anbraten.
3. Wenn die Toastscheiben goldbraun sind, zwei davon mit Mayonnaise bestreichen. Mit Halloumi, Gurke, Blattspinat und Kresse belegen. Die anderen beiden Toastscheiben mit der Avocadocreme bestreichen und mit dieser Seite auf die beiden belegten Toastscheiben legen und dabei leicht andrücken.
4. Die fertigen Sandwiches direkt genießen.

Take a bite...

Röstkartoffeln mit Pilzpfanne

Die Kartoffeln halbiert und ein paarmal eingeritzt, schon sehen sie frisch aus dem Ofen nach einer kleinen Sensation aus. Durch die Einschnitte werden sie außerdem besonders knusprig und noch schneller fertig.

Zutaten

FÜR 2 PERSONEN

750 g Speisefrühkartoffeln
1 TL Speisestärke
3 EL Olivenöl
1 TL Pommesgewürz
1 rote Zwiebel
300 g braune Champignons
Salz
frisch gemahlener schwarzer Pfeffer
1 Avocado

Zubereitungszeit: 20 Minuten
Ruhezeit: 15 Minuten
Backzeit: 25 Minuten

Zubereitung

1. Den Backofen auf 200 °C Umluft vorheizen.
2. Die Kartoffeln gründlich waschen, halbieren und mit einem spitzen Messer ein Karomuster einritzen. Die Kartoffelhälften 15 Minuten in heißes Wasser legen, dann abspülen, abtrocknen und in eine große Schüssel geben. Die Stärke hinzufügen und gut untermengen. Dann 2 EL Olivenöl und das Pommesgewürz dazugeben und gut vermischen.
3. Die Kartoffeln auf einem mit Backpapier ausgelegten Backrost verteilen und im Ofen 25 Minuten backen. Währenddessen etwa dreimal die Ofentür kurz aufmachen, damit die Feuchtigkeit entweichen kann.
4. Die Zwiebel abziehen, halbieren und in feine Scheiben schneiden. Die Champignons putzen und halbieren. 1 EL Olivenöl in einer Pfanne erhitzen und die Zwiebel darin glasig anschwitzen. Die Pilze zu der Zwiebel in die Pfanne geben und bei hoher Temperatur 10 Minuten anbraten. Mit Salz und Pfeffer abschmecken.
5. Die fertig gebackenen Kartoffeln mit den gebratenen Champignons und je einer halben aufgeschnittenen Avocado auf einem Teller anrichten. Mit etwas Salz und Pfeffer bestreuen.

Herzhafte Crêpes mit Käse und Spargel

Pfannkuchen in allen Formen gehören ja zu meinen absoluten Lieblingsgerichten, deswegen habe ich hier noch eine Variante, wenn der Hunger auf etwas Herzhaftes kommt.

Zutaten

FÜR 2 PERSONEN

- 2 Eier (Größe M)
- 200 ml Milch
- 100 g Weizenmehl (Type 405)
- 1 Msp. gemahlene Kurkuma
- Salz
- etwa 12 Stangen grüner Spargel
- 1 rote Zwiebel
- 1 EL Olivenöl
- frisch gemahlener bunter Pfeffer
- 1 Spritzer Zitronensaft
- 2 Frühlingszwiebeln
- etwas frisches Basilikum
- 2 EL Naturjoghurt
- 1 TL grünes Pesto (Glas)
- 4 Scheiben Gouda
- etwas Gartenkresse

Zubereitungszeit: 25 Minuten
Ruhezeit: 10 Minuten
Backzeit: 15 Minuten

Zubereitung

1. Den Backofen auf 175 °C Umluft vorheizen.
2. Die Eier mit der Milch verquirlen. Mehl, Kurkuma und ¼ TL Salz hinzusieben und gut verrühren. Den Teig mindestens 10 Minuten ruhen lassen.
3. Inzwischen den Spargel waschen und abtrocknen, die holzigen Enden abschneiden. Die Zwiebel abziehen und vierteln. Beides mit Olivenöl, Salz, Pfeffer und Zitronensaft in einer ofenfesten Form vermengen und im Ofen 15 Minuten backen.
4. Die Frühlingszwiebeln putzen, waschen und in kleine Röllchen schneiden. Das Basilikum waschen und trockentupfen. Beides beiseitestellen. Den Joghurt und das Pesto glatt verrühren. Gegebenenfalls noch etwas Wasser hinzufügen.
5. Anschließend in einer gut beschichteten Pfanne nach und nach vier Crêpes ausbacken. Dazu je eine Kelle Teig in die heiße Pfanne gießen und durch Schwenken verteilen. Sobald sich kleine Bläschen auf dem Crêpe bilden, wenden und direkt eine Scheibe Gouda darauflegen. Die Pfanne mit einem Deckel abdecken, vom Herd nehmen und wenige Minuten ruhen lassen, bis der Käse geschmolzen ist.
6. Jeweils drei Stangen Spargel und etwas von der Zwiebel auf den fertigen Crêpes verteilen. Diese anschließend zusammenklappen. Mit dem Pesto-Joghurt, Frühlingszwiebeln, Kresse und Basilikum toppen.

Gnocchi mit Spinatsauce

Ein superschnelles und einfaches Gericht, für das man, neben den Zutaten, gerade mal eine Pfanne und 10 Minuten Zeit benötigt.

Zutaten

FÜR 2 PERSONEN

500 g Gnocchi (Kühlregal)

1 EL Rapsöl

100 g süße Sahne

100 g Blattspinat

1 Zehe Knoblauch

Salz

frisch gemahlener bunter Pfeffer

2 EL geriebener Hartkäse

Zubereitungszeit: 10 Minuten

Zubereitung

1. Die vorgegarten Gnocchi in einer Pfanne bei hoher Temperatur im Rapsöl anbraten. Wenn sie schön kross angebraten sind, mit der Sahne und 100 ml Wasser ablöschen.
2. Den Spinat waschen und trockenschleudern. Den Knoblauch abziehen, pressen und zusammen mit dem Spinat zu den Gnocchi geben. Das Ganze mit Salz und Pfeffer abschmecken und 5 Minuten köcheln lassen.
3. Die Gnocchi auf zwei Teller verteilen und mit dem geriebenen Käse bestreuen.

Mac 'n' Cheese mit Champignons

Wer mich kennt, weiß, dass ich ein riesiger Käseliebhaber bin. Deswegen dürfen diese Makkaroni mit Käsesauce auch in meinem Kochbuch auf keinen Fall fehlen.

Zutaten

FÜR 2 PERSONEN

250 g kurze Makkaroni
350 ml Milch
Salz
1 Prise frisch gemahlene Muskatnuss
250 g braune Champignons
etwas Rapsöl für die Pfanne
100 g geriebener Cheddar
50 g süße Sahne
1 Prise frisch gemahlener bunter Pfeffer
2 EL Schnittlauchröllchen

Zubereitungszeit: 15 Minuten

Zubereitung

1. Die Makkaroni mit der Milch, 300 ml Wasser, 1 TL Salz und Muskatnuss in einen Topf geben und alles aufkochen. Unter gelegentlichem Rühren köcheln lassen, bis die Nudeln al dente sind.
2. Inzwischen die Champignons putzen und in dünne Scheiben schneiden. Das Öl in einer Pfanne erhitzen und die Champignons darin bei hoher Temperatur anbraten.
3. Vom geriebenen Cheddar etwa 1 EL beiseitestellen. Den restlichen Cheddar mit Sahne, Pfeffer und 1 EL Schnittlauchröllchen zu den Makkaroni geben und gut durchrühren. Die angebratenen Champignons unterheben und die warmen Nudeln sofort auf zwei Teller verteilen.
4. Die Makkaroni mit dem beiseitegestellten Cheddar und den Schnittlauchröllchen dekorieren.

Pasta Pesto Rosso

Das schnellste und leckerste Pesto, das ich je zubereitet habe. Da wird die Kochzeit der Pasta auf jeden Fall sinnvoll genutzt, und schon steht das Essen auf dem Tisch.

Zutaten

FÜR 2 PERSONEN

200 g Nudeln (nach Wahl)

Salz

1 Knoblauchzehe

20 Blätter Basilikum

1 Glas halbgetrocknete Tomaten in Öl (160 g Abtropfgewicht)

40 g Pinienkerne

10 Cocktailtomaten

Zubereitungszeit: 15 Minuten

Zubereitung

1. Die Nudeln in reichlich kochendem Salzwasser nach Packungsanweisung al dente garen. 2 EL vom Nudelwasser abnehmen und beiseitestellen.
2. Inzwischen den Knoblauch abziehen. Das Basilikum waschen und trockentupfen, etwa fünf Blätter beiseitelegen. Die Tomaten abgießen, dabei das Öl auffangen und 40 ml davon abmessen. Alles zusammen mit 30 g Pinienkernen und ¼ TL Salz in einem Mixer zu Pesto verarbeiten.
3. Die restlichen Pinienkerne (10 g) in einer Pfanne ohne Fett anrösten. Die Cocktailtomaten waschen und halbieren.
4. Die gekochten Nudeln sofort mit dem Pesto und dem abgenommenen Nudelwasser vermengen und auf zwei Teller verteilen.
5. Die Pasta mit den gerösteten Pinienkernen, den Cocktailtomaten und den beiseitegelegten Basilikumblättern garnieren.

Spaghetti »Veggie-Carbonara« mit Spinat

Ein italienischer Klassiker, den es leider viel zu selten als vegetarisches Gericht gibt. Deswegen habe ich meine eigene Variante mit Halloumi und Spinat kreiert.

Zutaten

FÜR 2 PERSONEN

200 g Spaghetti

Salz

2 Handvoll Babyspinat

100 g Halloumi

etwas Rapsöl für die Pfanne

2 Eigelb

50 g Don Bernardo (Hartkäse) + etwas mehr zum Servieren

frisch gemahlener bunter Pfeffer

Zubereitungszeit: 20 Minuten

Zubereitung

1. Die Nudeln in reichlich Salzwasser nach Packungsanweisung kochen. Kurz bevor sie fertig sind, eine Kelle vom Nudelwasser beiseitestellen.
2. Den Spinat waschen und trockenschleudern. Den Halloumi in kleine Würfel schneiden. Öl in einer großen Pfanne erhitzen und den Halloumi darin gut anbraten. Vom Herd nehmen und den Spinat unterrühren. Das Eigelb verquirlen. Den Käse fein darüberreiben und gut verrühren.
3. Die gekochten Spaghetti zum Halloumi in die Pfanne geben. Die Eigelb-Käse-Mischung und das Nudelwasser ebenfalls hinzufügen und alles gut miteinander vermengen. Mit Pfeffer und etwas Salz abschmecken. Nicht mehr erwärmen, da das Eigelb sonst stockt.
4. Die Spaghetti auf zwei Teller verteilen und mit etwas Käse bestreut servieren.

Veggie-Hotdogs

Spätestens seitdem ich die vegane Version im schwedischen Möbelhaus probiert habe, gehört der Veggie-Hotdog auf meinen Speiseplan.

Zutaten

FÜR 2 PERSONEN

2 rote Zwiebeln

1 EL Rapsöl

1 TL Ahornsirup

4 saure Gurken

4 Hotdog-Brötchen

4 vegetarische Hotdog-Würstchen

100 g Rotkraut (Glas)

etwa 4 TL Senf

Zubereitungszeit: 15 Minuten

Zubereitung

1. Die Zwiebeln abziehen und in feine Ringe schneiden. Das Öl in einer Pfanne erhitzen und die Zwiebelringe darin etwa 5 Minuten braten. Anschließend mit Ahornsirup karamellieren lassen.
2. Die sauren Gurken würfeln. Die Hotdog-Brötchen nach Packungsanweisung im Ofen, die Würstchen in heißem Wasser erwärmen.
3. Die warmen Brötchen halb aufschneiden und etwas Rotkraut hineingeben. Darauf jeweils ein Würstchen legen und mit den restlichen Zutaten toppen. Zum Schluss den Senf darüber verteilen.

Burger mit Blumenkohl-Patty

Burger gehören auf jede gute Speisekarte, auch bei mir zu Hause. Mit diesen leckeren Blumenkohl-Patties sind die Burger ganz einfach vegan.

Zutaten

FÜR 2-4 PERSONEN

- 1 kleiner Blumenkohl (250 g)
- 100 g Kichererbsen (aus der Konserve)
- 1 Knoblauchzehe
- 50 g feine Haferflocken
- 70 g Kichererbsenmehl (erhältlich z. B. in der Drogerie oder gut sortierten Supermärkten)
- Salz
- ½ TL Instant-Gemüsebrühe
- 1 Prise gemahlene Muskatnuss
- 1 Prise gemahlene Kurkuma
- 4 EL Semmelbrösel
- 4 EL Rapsöl
- 1 große Avocado
- frisch gemahlener bunter Pfeffer
- 2 Frühlingszwiebeln
- 1 große Fleischtomate
- 4 Salatblätter
- 4 Burger-Brötchen
- 4 EL vegane Mayonnaise

Zubereitungszeit: 30 Minuten

Zubereitung

1. Den Blumenkohl gut waschen und in einem Multizerkleinerer oder Mixer fein hacken. Nicht zu lange mixen, da sonst ein Mus entsteht. Der Blumenkohl sollte eine grießartige Konsistenz haben.

2. Anschließend die Kichererbsen abgießen, gründlich abspülen und abtropfen. Zusammen mit einer geschälten Knoblauchzehe im selben Zerkleinerer fein hacken.

3. Den Blumenkohl und die Kichererbsen mit Haferflocken, Kichererbsenmehl, ½ TL Salz, Gemüsebrühe, Muskatnuss, Kurkuma und etwa 20 ml Wasser vermengen. Anschließend mit den Händen vier gleich große Patties aus der Masse formen und direkt in den Semmelbröseln wälzen.

4. Das Öl in einer Pfanne auf mittlere Temperatur erhitzen und die Patties darin von beiden Seiten goldbraun braten.

5. Die Avocado halbieren, entsteinen, das Fruchtfleisch aus der Schale lösen und mit einer Gabel zerdrücken. Mit Salz und Pfeffer abschmecken. Die Frühlingszwiebeln putzen, waschen und in Röllchen schneiden. Die Tomate waschen und in Scheiben schneiden. Den Salat waschen und gründlich trockenschleudern.

6. In einer zweiten Pfanne die aufgeschnittenen Burger-Brötchen mit der Schnittfläche nach unten anrösten.

7. Zum Schluss die unteren Brötchenhälften mit Mayonnaise bestreichen, die Frühlingszwiebelringe daraufstreuen und mit jeweils einem Blumenkohl-Patty belegen. Darauf die Avocadocreme streichen und mit einer Tomatenscheibe und einem Salatblatt belegen. Mit der oberen Brötchenhälfte abdecken und servieren.

Tacos mit Tofu und Avocado

Bei der Taco-Füllung sind der Fantasie keine Grenzen gesetzt. Das hier ist meine liebste Füllung, mit knusprigem Tofu und Avocado.

Zutaten

FÜR 2 PERSONEN

1 Stück Tofu (200 g)

1 Knoblauchzehe

1 EL Sojasauce

½ TL Paprikapulver

1 Prise gemahlene Kurkuma

frisch gemahlener schwarzer Pfeffer

100 g Naturjoghurt

1 EL Olivenöl

1 TL Essig

1 TL Agavendicksaft

2 EL TK-Gartenkräuter

Salz

frisch gemahlener bunter Pfeffer

½ Salatgurke

1 Avocado

4 Salatblätter

2 EL Semmelbrösel

etwas Rapsöl für die Pfanne

4 kleine Tortilla-Wraps

Zubereitungszeit: 20 Minuten

Ziehzeit: 30 Minuten

Zubereitung

1. Den Tofu in Streifen schneiden. Den Knoblauch abziehen und pressen. Aus Sojasauce, Paprikapulver, Kurkuma, 1 Prise schwarzem Pfeffer und der Hälfte des Knoblauchs eine Marinade anrühren und den Tofu darin mindestens 30 Minuten ziehen lassen.
2. In der Zwischenzeit für die Sauce Joghurt, Olivenöl, Essig, Agavendicksaft, Kräuter, je 1 Prise Salz und bunten Pfeffer sowie den restlichen Knoblauch verrühren.
3. Die Gurke waschen und längs in dünne Streifen schneiden. Die Avocado halbieren, entsteinen, das Fruchtfleisch aus der Schale lösen und ebenfalls in Streifen schneiden. Den Salat waschen und trockenschleudern.
4. Ausreichend Rapsöl in einer Pfanne erhitzen. Die Semmelbrösel auf einen flachen Teller geben. Die marinierten Tofustreifen in den Semmelbröseln wälzen, dann im Öl von allen Seiten goldbraun braten. Auf Küchenpapier abtropfen lassen.
5. Zum Schluss die Tortilla-Wraps gleichmäßig mit den Zutaten befüllen und direkt genießen.

Halloumi-Wraps

Diese Halloumi-Wraps gibt es schon seit vielen Jahren mindestens einmal die Woche bei mir.

Zutaten

FÜR 2 PERSONEN

125 g Halloumi

etwas Rapsöl für die Pfanne

1 Avocado

1 Spritzer Zitronensaft

Salz

frisch gemahlener bunter Pfeffer

frisch gemahlene Muskatnuss

½ Salatgurke

2 Handvoll Babyspinat

4 Tortilla-Wraps

4 EL Rotkraut (Glas)

1 TL Sesamsamen

Zubereitungszeit: 20 Minuten

Zubereitung

1. Den Halloumi in kleine Würfel schneiden. Das Öl in einer Pfanne erhitzen und darin den Halloumi kross anbraten.
2. Die Avocado halbieren, entsteinen, das Fruchtfleisch aus der Schale lösen und und mit einer Gabel fein zerdrücken. Mit Zitronensaft, Salz, Pfeffer und Muskatnuss abschmecken. Die Gurke waschen und längs in dünne Streifen schneiden. Den Spinat waschen und trockenschleudern.
3. Die Wraps mit der Avocadocreme bestreichen. Längs in die Mitte jeweils etwas Rotkraut, Gurkenstreifen, Babyspinat und zum Schluss die Halloumiwürfel geben. Die Wraps fest aufrollen und in eine heiße Grillpfanne legen, etwas andrücken. Von beiden Seiten braten, bis ein dunkles Grillmuster entstanden ist.
4. Zum Schluss die Wraps vorsichtig halbieren, mit etwas Sesam bestreuen und noch warm genießen.

Tortelloni-Salat

Wenn ich zum Grillen oder zu einem Brunch eingeladen bin, bereite ich immer diesen schnellen Tortelloni-Salat zu.

Zutaten

FÜR 6 PERSONEN

500 g Tortelloni (Kühlregal)

Salz

30 g Pinienkerne

100 g Rucola

350 g Cherrytomaten

1 kleines Glas grünes Pesto (130 g)

150 g Mini-Mozzarellakugeln

einige Basilikumblätter

frisch gemahlener bunter Pfeffer

Zubereitungszeit: 15 Minuten

Zubereitung

1. Die Tortelloni in reichlich kochendem Salzwasser nach Packungsanweisung garen, abgießen, abschrecken und vollständig abkühlen lassen.
2. Die Pinienkerne in einer Pfanne ohne Fett rösten und ebenfalls abkühlen lassen.
3. Den Rucola waschen und trockenschleudern. Die Cherrytomaten waschen, halbieren und zusammen mit dem Pesto und dem Rucola in einer großen Schüssel vermengen. Die Mozzarellakugeln mit den Fingern halbieren und hinzufügen. Das Basilikum waschen und trockentupfen.
4. Zum Schluss die Tortelloni, die Pinienkerne und das Basilikum unterheben und den Salat mit Salz und Pfeffer abschmecken.

Nudelauflauf mit Brokkoli

Alles ist besser, wenn es mit Käse überbacken ist! So auch diese leckere Nudel-Brokkoli-Mischung.

Zutaten

FÜR 2 PERSONEN

250 g Nudeln (nach Wahl)
Salz
350 g TK-Brokkoli
100 ml Milch
50 g süße Sahne
50 g Frischkäse
2 Eier (Größe M)
1 TL Instant-Gemüsebrühe
1 Prise frisch gemahlene Muskatnuss
frisch gemahlener schwarzer Pfeffer
150 g geriebener Käse
1 Frühlingszwiebel

Zubereitungszeit: 10 Minuten
Backzeit: 20–25 Minuten

Zubereitung

1. Den Backofen auf 200 °C Umluft vorheizen.
2. Die Nudeln in reichlich Salzwasser nach Packungsanweisung sehr al dente kochen.
3. Den gefrorenen Brokkoli in ein Nudelsieb geben und die Nudeln darauf abgießen. Kurz mit kaltem Wasser abschrecken, gut abtropfen lassen und anschließend in eine Auflaufform geben.
4. Milch, Sahne, Frischkäse, Eier, Gemüsebrühe, Muskatnuss, ½ TL Salz und 1 Prise Pfeffer miteinander verquirlen. Über die Nudeln und den Brokkoli gießen. Den Käse darüber verteilen.
5. Den Auflauf 20–25 Minuten backen, bis der Käse geschmolzen und etwas braun geworden ist.
6. Die Frühlingszwiebel putzen, waschen und in Röllchen schneiden. Zum Schluss über den Auflauf streuen und diesen direkt genießen.

Kürbis-Flammkuchen

Zur Kürbissaison ein sehr beliebtes Rezept bei mir.

Zutaten

FÜR 2 PERSONEN

150 g Dinkelmehl (Type 630) + etwas für die Arbeitsfläche

1 ½ EL Olivenöl

Salz

75 g Schmand

frisch gemahlener bunter Pfeffer

75 g geriebener Käse

¼ Hokkaido-Kürbis (etwa 100 g)

1 rote Zwiebel

1 Zweig Rosmarin

Zubereitungszeit: 20 Minuten

Backzeit: 15 Minuten

Zubereitung

1. Den Backofen auf 180 °C Umluft vorheizen.
2. Mit den Händen Mehl, Olivenöl, 75 ml Wasser und ½ TL Salz zu einem geschmeidigen Teig kneten. Diesen auf einer bemehlten Arbeitsfläche dünn ausrollen und auf ein mit Backpapier belegtes Backblech heben.
3. Den Flammkuchen mit Schmand bestreichen, mit etwas Salz und Pfeffer würzen und anschließend die Hälfte des Käses darüberstreuen.
4. Den Kürbis waschen und mit dem Sparschäler in dünne Streifen schneiden. Diese auf dem Flammkuchen verteilen. Die Zwiebel abziehen und in feine Ringe schneiden. Die Hälfte davon auf dem Flammkuchen verteilen. Zum Schluss den restlichen Käse darüberstreuen.
5. Den Flammkuchen im Ofen 15 Minuten backen, bis der Teigrand anfängt zu bräunen.
6. Den Rosmarin waschen, trockenschütteln, die Nadeln abzupfen, grob hacken und mit den restlichen Zwiebelringen über dem noch warmen Flammkuchen verteilen. Nach Belieben mit frischem Rosmarin dekorieren und sofort servieren.

Pesto-Pizzablume

Mit dieser Pizzablume kann man seine Gäste leicht ins Staunen versetzen. Dabei sind nur ein paar gekonnte Handumdrehungen nötig.

Zutaten

FÜR 4 PERSONEN

1 rote Zwiebel

2 Knoblauchzehen

1 Dose stückige Tomaten (425 g)

1 TL getrockneter Oregano

Salz

frisch gemahlener bunter Pfeffer

2 runde Pizzateige (Kühlregal)

3 EL grünes Pesto (Glas)

150 g geriebener Käse

Zubereitungszeit: 20 Minuten

Backzeit: 10–15 Minuten

Zubereitung

1. Die Zwiebel und den Knoblauch abziehen und grob würfeln. Zusammen mit den Tomaten, dem Oregano, etwas Salz und Pfeffer in einem Topf aufkochen und 10 Minuten köcheln lassen. Anschließend pürieren, gut abschmecken, vom Herd nehmen und etwas abkühlen lassen.

2. Den Backofen mit Backblech auf 230 °C Umluft vorheizen.

3. Den ersten Pizzateig auf ein Stück Backpapier legen und mit dem Pesto und 3 EL der Tomatensauce bestreichen. 100 g geriebenen Käse darüber verteilen. Den zweiten Pizzateig darauflegen. In die Mitte eine kleine Schale oder Tasse stellen. Nun von außen bis zur Schüssel hin gleichmäßig zwölfmal einschneiden. Anschließend jeweils zwei Stränge nehmen, etwa drei- bis viermal umeinanderdrehen und zum Schluss die Enden etwas aneinanderdrücken. So sollte die Form einer Blume mit sechs Blättern entstehen. Die Schüssel wieder entfernen und die Pizzablume mit dem restlichen Käse (50 g) bestreuen.

4. Die Pizzablume auf das heiße Backblech legen und im Ofen 10–15 Minuten backen, bis der Käse geschmolzen und der Pizzateig goldbraun ist.

5. Die restliche Tomatensauce zum Dippen in eine Tasse oder kleine Schüssel füllen, in die Mitte der Pizzablume stellen und diese so servieren.

Halloumi-Pommes-Pita

Für mich eine fast unschlagbare Kombination, die viel zu unbekannt ist. Halloumi und Pommes in einem selbst gemachten weichen Pitabrot.

Zutaten

FÜR 3 PERSONEN

- etwa 500 g TK-Pommes-Frites
- 200 g Dinkelmehl (Type 630) + etwas für die Arbeitsfläche
- 1 TL Backpulver
- ½ TL Salz
- 100 g Naturjoghurt
- 2 EL weiche Butter
- 250 g Halloumi
- etwas Rapsöl für die Pfanne
- 150 g kleine Rispentomaten
- etwas Knoblauchsauce (Fertigprodukt)
- etwas Burgersauce (Fertigprodukt)

Zubereitungszeit: 30 Minuten

Zubereitung

1. Die TK-Pommes nach Packungsanweisung zubereiten.
2. Inzwischen Mehl mit Backpulver und Salz vermengen. Den Joghurt hinzufügen und mit den Händen kneten, bis ein glatter Teig entstanden ist. Diesen in drei gleich große Stücke teilen und auf der bemehlten Arbeitsfläche jeweils rund (15–20 cm Ø) ausrollen.
3. Eine flache Pfanne mit etwas Butter einpinseln und bei mittlerer bis hoher Temperatur erhitzen. Einen Teigfladen hineinlegen und mit etwas Butter bepinseln. Wenn der Teig Blasen wirft und die untere Seite leicht gebräunt ist, den Fladen wenden und von der anderen Seite braun backen. Die beiden anderen Fladen ebenso backen. Die fertigen Pitabrote auf ein sauberes, angefeuchtetes Geschirrtuch legen und damit zudecken.
4. Den Halloumi in sechs gleich große Würfel schneiden. Etwas Öl in einer Pfanne erhitzen und den Halloumi darin von allen Seiten braun anbraten.
5. Die Tomaten waschen und halbieren.
6. Die Pitabrote mit Knoblauchsauce bestreichen. Pommes, Halloumi und Tomaten gleichmäßig auf die drei Brote verteilen und mit etwas Burgersauce toppen. Zum Schluss leicht einrollen und sofort servieren.

Stunning Sweet Treats

Mugcake

Wenn spontan die Lust auf Kuchen kommt und schnell gestillt werden will, greife ich immer auf dieses Rezept zurück. In weniger als 10 Minuten zum Kuchen aus der Tasse!

Zutaten

FÜR 1 PERSON

½ reife Banane

1 Ei (Größe S/M)

50 ml Milch

50 g Dinkelmehl (Type 630)

20 g zarte Haferflocken

1 TL Backpulver

1 ½ EL Schokotropfen (30 g)

1 kleine Handvoll frische Brombeeren

1 kleiner Stängel frische Zitronenmelisse

Zubereitungszeit: 8 Minuten

Zubereitung

1. Die Banane schälen und mit einer Gabel zerdrücken. Anschließend mit dem Ei und der Milch verquirlen. Mehl, Haferflocken und Backpulver dazugeben und alles zu einem homogenen Teig verrühren. Zum Schluss 1 EL Schokotropfen unterheben.
2. Den Teig in eine Tasse geben. Die Tasse sollte etwa zu drei Viertel befüllt sein. Für 3 Minuten auf höchster Stufe in die Mikrowelle stellen.
3. Die Brombeeren abbrausen und trockentupfen. Die Zitronenmelisse waschen, trockenschütteln und die Blätter abzupfen.
4. Den Mugcake mit den restlichen Schokotropfen (½ EL), den Brombeeren und der Zitronenmelisse toppen und noch warm genießen.

Blaubeer-Tiramisu im Glas

Auch wenn ich klassisches Tiramisu wirklich gerne esse, ist diese Variante mit Blaubeeren doch noch einen Tick besser!

Zutaten

FÜR 4 PERSONEN

300 g gefrorene Blaubeeren (Heidelbeeren)

100 g Mascarpone

100 g Naturjoghurt

2 EL Puderzucker

100 g süße Sahne

12 Löffelbiskuits

125 g frische Blaubeeren (Heidelbeeren)

Zubereitungszeit: 10 Minuten

Zubereitung

1. Die Blaubeeren in der Mikrowelle auftauen, anschließend durch ein feines Sieb passieren.
2. Mascarpone, Naturjoghurt und Puderzucker glatt rühren. Sahne steif schlagen und unter die Mascarpone-Joghurt-Creme heben.
3. Acht Löffelbiskuits grob zerbrechen und gleichmäßig auf vier Gläser verteilen. Etwa drei Viertel der Blaubeersauce darüber verteilen. Ebenfalls etwa drei Viertel der Creme daraufgeben. Die restlichen Löffelbiskuits fein zerkrümeln und auf die Creme streuen. Die frischen Blaubeeren abbrausen und trockentupfen.
4. Die übrige Sauce darüberträufeln und mit der restlichen Creme und den frischen Blaubeeren dekorieren.

Karottenkuchen mit Frischkäse-Frosting

Ein Allrounder unter den Kuchen, passt einfach zu jeder Gelegenheit. Durch die Karotten bekommt der Kuchen eine wunderschöne Farbe und wird supersaftig.

Zutaten

FÜR 10 STÜCKE

170 g Karotten

1 unbehandelte Zitrone

65 g Rapsöl

100 ml Mandelmilch

2 TL Apfelessig

130 g Zucker

3/4 TL gemahlene Vanille

200 g Weizenmehl (Type 405)

1 1/2 TL Backpulver

40 g gemahlene Mandelkerne

60 ml Sprudelwasser

40 g weiche Butter + etwas für die Form

40 g Puderzucker

80 g Frischkäse

Marzipankarotten zum Dekorieren

Zubereitungszeit: 20 Minuten

Ruhezeit: 10 Minuten

Backzeit: 30–40 Minuten

Zubereitung

1. Die Karotten schälen, fein raspeln und in eine Schüssel geben. 1/2 EL davon beiseitestellen. Die Zitrone waschen, abtrocknen und die Schale fein abreiben.
2. Rapsöl, Mandelmilch, Essig, Zucker, Zitronenabrieb und 1/2 TL Vanille zu den Karotten in die Schüssel geben und gut verrühren. Mehl, Backpulver, Mandeln und Sprudelwasser zügig unterrühren, bis sich alles gerade so verbunden hat. Den Teig 10 Minuten ruhen lassen.
3. In der Zwischenzeit den Backofen auf 175 °C Umluft vorheizen und eine Kastenform (20 cm) leicht einfetten.
4. Den Teig anschließend in die Form füllen und mit einem scharfen Messer einmal längs etwa 1 cm tief einschneiden. Anschließend 30–40 Minuten backen. Mit der Stäbchenprobe testen, ob der Kuchen durch ist. Herausholen und vollständig abkühlen lassen.
5. Die Butter mit dem Puderzucker aufschlagen. Frischkäse und restliche Vanille (1/4 TL) hinzufügen und alles kurz cremig rühren. Das Frosting auf dem abgekühlten Karottenkuchen verteilen.
6. Den fertigen Kuchen mit Marzipankarotten und den übrigen Karottenraspeln dekorieren.

Schokoladen-Cupcakes mit Erdnuss-Frosting

Diese Cupcakes sind für alle Snickers-Fans unter uns. Ich gehöre definitiv dazu.

Zutaten

FÜR 8 CUPCAKES

100 g Zartbitterkuvertüre
130 g kalte Butter
2 Eier (Größe M)
75 g Zucker
1 Pck. Vanillezucker
100 g Weizenmehl (Type 405)
1 TL Backpulver
1 Prise Salz
40 ml Milch
80 g Erdnussmus
80 g Puderzucker
175 g Frischkäse
1 EL gesalzene Erdnusskerne

Zubereitungszeit: 25 Minuten
Backzeit: 15 Minuten

Zubereitung

1. Den Backofen auf 175 °C Umluft vorheizen. Ein Muffinblech mit acht Papierförmchen auslegen.
2. Die Zartbitterkuvertüre grob hacken und zusammen mit 100 g Butter bei höchster Stufe in der Mikrowelle in 1 Minute schmelzen. Alternativ im heißen Wasserbad schmelzen. Anschließend etwas abkühlen lassen.
3. Die Eier mit dem Zucker und dem Vanillezucker aufschlagen. Die Schokoladen-Butter-Mischung unterrühren. Mehl, Backpulver, Salz und Milch vermengen und zu den feuchten Zutaten geben. Alles zügig zu einem homogenen Teig verrühren. Diesen auf die Muffinförmchen verteilen.
4. Die Muffins 15 Minuten backen. Aus dem Ofen holen und auf einem Kuchengitter vollständig abkühlen lassen.
5. Für das Frosting 60 g Erdnussmus, die restliche Butter (30 g) und Puderzucker aufschlagen. Den Frischkäse hinzufügen und nochmals kurz verrühren. Das Frosting in einen Spritzbeutel mit großer Sterntülle (1,5 cm Ø) füllen und auf die abgekühlten Muffins spritzen. Das übrige Erdnussmus (20 g) kurz erwärmen, damit es flüssig wird. Die Erdnusskerne grob hacken.
6. Die fertigen Cupcakes mit flüssigem Erdnussmus und Erdnusskernen dekorieren.

Himbeermuffins mit Butter-Frosting

Diese Muffins waren mein erster Versuch, vegan zu backen. Das Rezept ist also hocherprobt und immer noch häufig in meiner Küche in Gebrauch. Allerdings konnte ich nicht widerstehen und habe die Muffins noch mit einem leckeren Butter-Frosting versehen.

Zutaten

FÜR 12 MUFFINS

2 reife Bananen

etwa 200 g frische Himbeeren

140 ml pflanzliche Milch

90 g Zucker

60 g Rapsöl

1 TL Apfelessig

300 g Dinkelmehl (Type 630)

1 TL Backpulver

½ TL gemahlene Vanille

1 Prise Salz

1 TL Agavendicksaft

etwas frische Minze

150 g kalte Butter + etwas für das Blech

150 g Puderzucker

150 g Frischkäse

Zubereitungszeit: 25 Minuten

Ruhezeit: 15 Minuten

Backzeit: 15–20 Minuten

Zubereitung

1. Die Bananen schälen und die Himbeeren abbrausen und trockentupfen. Bananen mit Milch, Zucker und Rapsöl schaumig pürieren. Den Essig unterrühren. Das Mehl mit Backpulver, Vanille und Salz vermischen und ebenfalls unter das Bananenmus rühren. 100 g Himbeeren unterheben. Den Teig 15 Minuten ruhen lassen.
2. Inzwischen den Backofen auf 180 °C Umluft vorheizen und die Mulden eines Muffinblechs für zwölf Muffins einfetten.
3. Den Teig mit einem Eisportionierer gleichmäßig auf die Mulden verteilen. Die Muffins 15–20 Minuten backen und mit der Stäbchenprobe testen, ob sie durch sind. Herausholen und auf einem Kuchengitter vollständig abkühlen lassen.
4. Inzwischen 50 g Himbeeren mit der Gabel zerdrücken und mit dem Agavendicksaft zu einer Sauce verrühren. Die Minze waschen, trockenschütteln und die Blättchen abzupfen.
5. Die Butter mit dem Puderzucker hell aufschlagen. Den Frischkäse und 2 TL von der Himbeersauce unterrühren. Diese Buttercreme in einen Spritzbeutel mit großer Sterntülle (1,5 cm Ø) füllen und auf die abgekühlten Muffins spritzen.
6. Die fertigen Muffins mit der übrigen Himbeersauce, den ganzen Himbeeren und den Minzeblättchen dekorieren.

Mille Crêpes

Scheint auf den ersten Blick sehr aufwendig, aber eigentlich braucht es nur ein wenig Geduld für die Zubereitung der vielen Crêpes.

Zutaten

FÜR 8 STÜCKE

2 Eier (Größe M)

35 g Zucker

10 g Butter + etwas für die Pfanne

300 ml Milch

150 g Weizenmehl (Type 405)

1 Prise Salz

100 g gefrorene Wildheidelbeeren

250 g Magerquark

30 g Puderzucker

1 Pck. Vanillezucker

200 g süße Sahne

1 Pck. Sahnesteif

125 g frische Blaubeeren (Heidelbeeren)

etwas frische Minze

Zubereitungszeit: 60 Minuten

Ruhezeit: 15 Minuten

Zubereitung

1. Für die Crêpes die Eier mit dem Zucker aufschlagen. Die Butter in einem kleinen Topf zerlassen und zusammen mit der Milch unter die Eiermasse rühren. Das Mehl und das Salz darübersieben und gut miteinander verrühren. Den Teig nun 15 Minuten ruhen lassen.

2. Anschließend in einer beschichteten Pfanne mit etwas Butter nach und nach 15 Crêpes ausbacken. Diese aufeinanderstapeln und vollständig auskühlen lassen.

3. Inzwischen die Füllung zubereiten. Dazu die Wildheidelbeeren in der Mikrowelle auftauen und durch ein feines Sieb passieren. Etwa 20 g davon mit dem Quark, dem Puderzucker und dem Vanillezucker glatt verrühren. Die Sahne mit Sahnesteif steif schlagen und unter die Quarkmasse heben.

4. Nun die Crêpes mit der Creme dazwischen übereinanderschichten. Dafür etwa 1 EL Creme pro Crêpe verwenden und mit einem Crêpe abschließen. Die übrige Creme kühl stellen. Die fertig geschichteten Mille Crêpes für etwa 1 Stunde im Kühlschrank durchziehen lassen.

5. Die frischen Blaubeeren abbrausen und trockentupfen. Die Minze waschen, trockenschütteln und die Blättchen abzupfen.

6. Die fertige Torte mit der restlichen Creme, den frischen Blaubeeren, der restlichen Wildheidelbeersauce und Minzeblättchen dekorieren.

Blaubeer-Cashew-Kuchen ohne Backen

Ein Kuchen, für den es gerade mal einen Mixer braucht? Ich bin total begeistert, seitdem ich vor Jahren das erste Mal einen rohen Cashew-Kuchen zubereitet habe.

Zutaten

FÜR 12 STÜCKE

400 g Cashewkerne

1 unbehandelte Zitrone

1 Prise Salz

230 ml Kokosmilch (Dose)

120 g Ahornsirup

1 TL Vanillepaste

25 g Kokosöl

75 g gefrorene Wildheidelbeeren

150 g Datteln ohne Stein

100 g Mandelkerne

3 TL Kakao (15 g)

125 g frische Blaubeeren (Heidelbeeren)

Zubereitungszeit: 20 Minuten

Einweichzeit: 3 Stunden oder über Nacht

Gefrierzeit: 5 Stunden

Zubereitung

1. Die Cashewkerne mindestens 3 Stunden oder über Nacht in Wasser einweichen. Anschließend abgießen. Die Zitrone waschen, abtrocknen, die Schale fein abreiben und den Saft auspressen.
2. Die Cashewkerne mit Salz, 205 ml Kokosmilch, Ahornsirup, Zitronensaft und -abrieb, Vanillepaste und Kokosöl in einem Hochleistungsmixer etwa 2 Minuten mixen, bis eine sehr cremige Masse entstanden ist. Die Hälfte der Creme in eine Schüssel füllen. Zum Rest die Wildheidelbeeren geben und nochmals kurz mixen, bis sie vollständig püriert sind.
3. Datteln, Mandeln, 25 ml Kokosmilch und Kakao im Mixer zu einer knetbaren Masse verarbeiten. Diese auf dem Boden einer Springform (18 cm Ø) flach drücken. Die Ränder etwas hocharbeiten.
4. Jeweils 2 EL der beiden Cremes kühl stellen. Den Rest abwechselnd löffelweise auf den Boden geben. Darauf achten, dass die Klekse immer genau mittig aufeinandertreffen. Zwischendurch die Form etwas hin und her bewegen, damit sich die Creme gleichmäßig verteilt. Den Kuchen für mindestens 5 Stunden ins Gefrierfach stellen.
5. Vor dem Servieren die frischen Blaubeeren abbrausen und trockentupfen. Die übrige Creme in einen Spritzbeutel mit kleiner Sternentülle füllen und dekorativ auf den Kuchen spritzen. Mit den Blaubeeren dekorieren. Kuchen im Gefrierfach aufbewahren, da er sonst sehr flüssig wird.

Donuts aus dem Ofen

Mit Donuts verbinde ich Hefeteig und Fritteuse, also viel zu viel Aufwand für meinen Geschmack. Deswegen backe ich meine Donuts immer in einer Donutform im Backofen.

Zutaten

FÜR 6 DONUTS

- 50 g weiche Butter oder Margarine + etwas für das Blech
- 90 g Zucker
- 100 ml pflanzliche Milch
- 150 g Weizenmehl (Type 405)
- 1 TL Backpulver
- 1 EL Speisestärke (15 g)
- 1 Prise Salz
- 1 Prise frisch gemahlene Muskatnuss
- 1 TL gemahlener Zimt
- 50 g Zartbitterschokolade
- 1 EL gehackte Haselnusskerne
- 2 EL gefrorene Wildheidelbeeren
- etwa 4 EL Puderzucker
- 1 EL gehackte Pistazienkerne
- 1 kleine Handvoll frische Blaubeeren (Heidelbeeren)

Zubereitungszeit: 25 Minuten
Backzeit: 10 Minuten

Zubereitung

1. Den Backofen auf 175 °C Umluft vorheizen. Ein Donutblech mit sechs Mulden gut einfetten.
2. Butter und 80 g Zucker schaumig schlagen. Milch, Mehl, Backpulver, Stärke, Salz und Muskat gut unterrühren.
3. Den Teig in einen Spritzbeutel mit großer, runder Tülle füllen und gleichmäßig in die Mulden des Donutbleches spritzen. Die Donuts 10 Minuten backen. Herausholen und 10 Minuten abkühlen lassen. Dann aus der Form lösen.
4. Den restlichen Zucker (10 g) mit dem Zimt vermischen und zwei noch warme Donuts darin wälzen. Die restlichen Donuts vollständig abkühlen lassen.
5. Die Schokolade grob hacken und 1 TL davon beiseitestellen. Den Rest bei höchster Stufe in der Mikrowelle in 1 Minute schmelzen und zwei Donuts damit glasieren. Direkt mit der beiseitegestellten Schokolade und den Haselnusskernen bestreuen.
6. Die Wildheidelbeeren in der Mikrowelle auftauen und durch ein feines Sieb passieren. Das aufgefangene Wildheidelbeermus mit dem Puderzucker zu einer dickflüssigen Glasur verrühren. Die letzten zwei Donuts damit glasieren und mit den Pistazienkernen bestreuen. Die frischen Blaubeeren abbrausen und trockentupfen. Dann ringsherum im Zickzack-Muster einschneiden und auf die beiden Donuts setzen.

Blaubeer-Bananenbrot

Neben Nicecream ist Bananenbrot das häufigste Rezept, das ich zubereite, wenn ich viele reife Bananen zu Hause habe. Da ich Blaubeeren über alles liebe, gehören sie für mich auch noch dazu.

Zutaten

FÜR 12 STÜCKE

- 3 reife Bananen
- 70 g Zucker
- 150 ml Mandelmilch + 1 EL für den Zuckerguss
- 60 g Rapsöl + etwas für die Form
- 1–2 TL Apfelessig
- 300 g Dinkelmehl (Type 630)
- 30 g gemahlene Mandelkerne
- etwas gemahlene Vanille
- 1 TL Backpulver
- 150 g frische Blaubeeren (Heidelbeeren)
- 1 EL Mandelmus
- etwa 4 EL Puderzucker
- 2 EL gehackte Pistazienkerne

Zubereitungszeit: 20 Minuten
Backzeit: 40 Minuten

Zubereitung

1. Den Backofen auf 175 °C Umluft vorheizen und eine Kastenform (25 cm) einfetten.
2. Die Bananen schälen, mit einer Gabel zerdrücken und mit Zucker, Mandelmilch, Öl und Essig gut verrühren. Mehl, Mandeln, Vanille und Backpulver zu den feuchten Zutaten geben und nur so lange unterrühren, bis sich alles gerade so verbunden hat. Blaubeeren abbrausen und trockentupfen.
3. Die Hälfte des Teiges in die Form füllen, 100 g Blaubeeren darauf verteilen und den restlichen Teig daraufgeben. Einmal längs etwa 1 cm tief einschneiden. Das Bananenbrot 40 Minuten backen. Nach 30 Minuten mit Alufolie abdecken, damit die Oberfläche nicht zu dunkel wird.
4. Aus 1 EL Mandelmilch, Mandelmus und Puderzucker einen dickflüssigen Zuckerguss anrühren und diesen auf das noch warme Bananenbrot gießen. Direkt mit gehackten Pistazien und den übrigen frischen Blaubeeren (50 g) dekorieren.
5. Entweder vollständig abkühlen lassen oder noch lauwarm servieren.

Blutorangenkuchen

Nach unzähligen Zitronenkuchen lachten mich plötzlich diese Blutorangen an, und schon war es geschehen: Der wohl leckerste Kuchen mit Zitrusfrüchten ist entstanden.

Zutaten

FÜR 10 STÜCKE

3 unbehandelte Blutorangen

etwa 90 ml Mandelmilch

120 g Zucker

1 Pck. Vanillezucker

90 g Rapsöl + etwas für die Form

1–2 TL Apfelessig

240 g Dinkelmehl (Type 630)

1–2 TL Backpulver

1 Prise Salz

etwa 4 EL Puderzucker

Zubereitungszeit: 20 Minuten

Ruhezeit: 10 Minuten

Backzeit: 40 Minuten

Zubereitung

1. Eine Blutorange waschen, abtrocknen, die Schale fein abreiben und den Orangensaft von dieser und einer weiteren Orange auspressen. 1 EL vom Saft beiseitestellen.
2. Den restlichen Saft mit Mandelmilch auf insgesamt 200 ml auffüllen. 110 g Zucker, Vanillezucker, Öl und Essig hinzufügen und alles gut verrühren. Zum Schluss Mehl, Backpulver und Salz kurz unterrühren, bis sich alles gerade so verbunden hat. Nicht zu lange rühren!
3. Den Teig in eine eingefettete Kastenform (20 cm) füllen und 10 Minuten ruhen lassen. Den Backofen auf 170 °C Umluft vorheizen.
4. Inzwischen die letzte Blutorange in Scheiben schneiden, die Schalen mit dem Weißen vorsichtig abschneiden und die Scheiben gleichmäßig auf dem Teig verteilen. Den restlichen Zucker (10 g) darüberstreuen. Den Kuchen etwa 40 Minuten backen, bis bei der Stäbchenprobe nichts mehr kleben bleibt. Aus dem Ofen holen und vollständig abkühlen lassen.
5. Den Puderzucker mit dem beiseitegestellten Blutorangensaft verrühren. Den Zuckerguss über dem Kuchen verteilen.

Erdbeer-Maulwurfkuchen

Der Maulwurfkuchen ist mein absoluter Lieblingskuchen! Ich habe schon viele Varianten ausprobiert, mit Erdbeeren oder Bananen schmeckt er mir am besten.

Zutaten

FÜR 8 STÜCKE

120 g Apfelmus

180 ml Nussmilch

70 g Zucker

50 g Rapsöl + etwas für die Form

2 TL Apfelessig

220 g Dinkelmehl (Type 630)

1 geh. TL Backpulver

50 g Kakao

etwa 300 g frische Erdbeeren

300 g süße Sahne

2 Pck. Sahnesteif

2 EL Puderzucker

75 g Zartbitterschokoladenraspel

Zubereitungszeit: 30 Minuten

Ruhezeit: 15 Minuten

Backzeit: 20 Minuten

Zubereitung

1. Apfelmus, Milch, Zucker und Rapsöl schaumig pürieren. Anschließend den Essig unterrühren. Mehl, Backpulver und Kakao vermischen, über die feuchten Zutaten sieben und kurz unterrühren. Den Teig 15 Minuten ruhen lassen.
2. Inzwischen den Backofen auf 180 °C Umluft vorheizen und eine Springform (18–20 cm Ø) einfetten.
3. Die Erdbeeren abbrausen, trockentupfen und den Strunk gerade abschneiden, sodass sie ebenmäßig auf dem Kopf stehen können.
4. Den Teig in die Form füllen und etwa 20 Minuten backen. Herausholen und vollständig abkühlen lassen. Dann die Haube abschneiden. Den Boden etwas aushöhlen und mit den Erdbeeren auslegen.
5. Die Kuchenreste fein zerkrümeln. Die Sahne mit dem Sahnesteif und dem Puderzucker steif schlagen. Die Schokoraspel unterheben und die Creme kuppelartig auf die Erdbeeren geben. Mit den Kuchenbröseln bestreuen und diese leicht andrücken.

Rhabarber-Himbeer-Galette

Knallige Farben und dekoratives Muster, das macht diese Galette aus. Da kommt jeder ins Staunen, und superlecker ist sie auch noch.

Zutaten

FÜR 4 PERSONEN

Für den Teig

- 50 g kalte Butter
- 100 g Dinkelmehl (Type 630) + etwas für die Arbeitsfläche
- 20 g zarte Haferflocken
- 20 g gehobelte Mandelkerne
- 50 g Zucker
- 1 EL Naturjoghurt
- 1 EL Mandelmilch
- 1 Msp. gemahlene Vanille
- 1 Prise Salz

Für den Belag

- etwa 4 Stangen Rhabarber
- 1 Handvoll gefrorene Himbeeren
- 1–2 EL Zucker + etwas mehr zum Bestreuen
- 1 EL Mandelmilch
- 2 EL Mandelsplitter
- 1 Handvoll frische Himbeeren

Zubereitungszeit: 25 Minuten
Kühlzeit: 20–30 Minuten
Backzeit: 35 Minuten

Zubereitung

1. Die kalte Butter klein würfeln und mit den übrigen Teigzutaten zügig mit den Händen zu einem glatten Teig verkneten. Diesen für 20–30 Minuten kühl stellen.

2. Den Rhabarber putzen und nach Bedarf schälen. Anschließend schräg in gleich große Stücke schneiden. Dabei zwei Stangen schräg in die eine Richtung und zwei Stangen schräg in die andere Richtung schneiden. So passen immer zwei Stückchen mit der Schnittkante aneinander und werden so zu einem Pfeil. Den Backofen auf 175 °C Umluft vorheizen.

3. Etwa 1 EL vom Teig kühl stellen. Den Rest auf einer gut bemehlten Arbeitsfläche rund ausrollen (etwa 1–2 mm dünn). Den Teig vorsichtig auf ein mit Backpapier belegtes Backblech heben.

4. Die noch gefrorenen Himbeeren mit den Händen auf dem Teig zerbröseln. Dabei 5 cm zum Rand frei lassen. Die Rhabarberstücke als Pfeil auf die Himbeeren legen. Mit etwa 1–2 EL Zucker bestreuen. Den Teigrand nach innen über einen Teil der Füllung klappen. Den kühl gestellten Teig auf den Übergang zwischen Teig und Füllung bröseln. Den Rand mit 1 EL Mandelmilch bepinseln und die Mandelsplitter darüberstreuen. Zum Schluss etwas Zucker über den Rand streuen.

5. Die Galette etwa 35 Minuten backen, bis der Teig schön goldbraun ist. Herausholen und etwas auf dem Blech abkühlen lassen, damit die Galette an Festigkeit gewinnt. Die frischen Himbeeren abbrausen und trockentupfen. Die noch warme Galette mit frischen Himbeeren dekorieren.

Zitronen-Tartelettes mit weißer Schokosahne

Kleine Tartelettes backe ich besonders gerne, weil sie so süß aussehen und supereinfach hübsch zu dekorieren sind.

Zutaten

FÜR 6 TARTELETTES

100 g weiße Schokolade

200 g süße Sahne

100 g weiche Butter + etwas für die Förmchen

50 g Zucker

150 g Weizenmehl (Type 405) + für die Arbeitsfläche

¼ TL Backpulver

1 Prise Salz

½ TL Zitronenabrieb

1 Pck. Sahnesteif

125 g frische Himbeeren

Zubereitungszeit: 20 Minuten

Kühlzeit: 30 Minuten

Backzeit: 15 Minuten

Zubereitung

1. Die Schokolade fein hacken und 2 EL davon beiseitestellen. 100 g Sahne erhitzen, kurz bevor sie anfängt zu kochen vom Herd nehmen und über die restliche Schokolade gießen. Nach 5 Minuten die jetzt flüssige Schokolade mit der Sahne verrühren. Die Schokosahne bis zum Befüllen ins Gefrierfach stellen.
2. Butter, Zucker, Mehl, Backpulver, Salz und Zitronenabrieb mit den Händen zügig zu einem Teig verkneten und für 30 Minuten kalt stellen.
3. Den Backofen auf 175 °C Umluft vorheizen und sechs Tartelette-Förmchen einfetten. Den Teig in sechs gleich große Portionen teilen und jeweils auf der bemehlten Arbeitsfläche rund ausrollen (0,5 cm dünn). Anschließend in die Förmchen drücken. Gegebenenfalls über den Rand hinausschauenden Teig abschneiden.
4. Die Tartelettes etwa 15 Minuten backen, bis sie anfangen leicht braun zu werden. Herausholen und vollständig abkühlen lassen.
5. Die restliche Sahne (100 g) mit dem Sahnesteif steif schlagen. Die kalt gestellte Schokosahne ebenfalls cremig schlagen. Die Sahne vorsichtig unterheben und die Masse kühl stellen. Die frischen Himbeeren abbrausen und trockentupfen.
6. Zum Schluss die erkalteten Tartelettes aus den Förmchen stürzen und mit der Creme befüllen. Mit frischen Himbeeren und der beiseitegestellten gehackten weißen Schokolade dekorieren.

Salted Caramel Brownies

Ich liebe die Kombination von süß und salzig; besonders salziges Karamell mit Schoki hat es mir angetan. Dieses Rezept ist die perfekte Lösung.

Zutaten

FÜR 9 STÜCKE

100 g Datteln ohne Stein
75 g Apfelmus
280 ml pflanzliche Milch
70 g Rapsöl
75 g Zucker
1 Pck. Vanillezucker
150 g Dinkelmehl (Type 630)
¼ TL Natron
40 g gemahlene Mandelkerne
50 g roher Kakao
15 g Mandelmus
½ TL Meersalz

Zubereitungszeit: 20 Minuten
Backzeit: 15–20 Minuten

Zubereitung

1. Die Datteln in heißem Wasser einweichen. Den Backofen auf 180 °C Umluft vorheizen und eine viereckige Backform (25 x 25 cm) mit Backpapier auslegen.
2. Das Apfelmus mit 240 ml Milch, Rapsöl, Zucker und Vanillezucker verrühren. Mehl, Natron, Mandeln und Kakao über die feuchten Zutaten sieben und alles zu einem homogenen Teig verrühren.
3. Diesen in die Backform füllen und 15–20 Minuten backen. Vor dem Herausholen die Stäbchenprobe machen. Dabei soll noch etwas Teig am Stäbchen kleben bleiben, damit die Brownies auch schön saftig und nicht trocken sind. Aus dem Ofen holen und vollständig abkühlen lassen.
4. Das Wasser von den Datteln abgießen, diese dann in einen Mixer geben. Die restliche Milch (40 ml), das Mandelmus und 1 Prise Salz hinzufügen und alles zu einer homogenen Creme mixen.
5. Die Creme auf den Kuchen streichen und diesen in neun gleich große Brownies schneiden. Mit dem restlichen Salz bestreuen.

Grießpudding-Törtchen

Grießpudding bekommt beim Erkalten eine tolle Konsistenz; perfekt um daraus kleine Törtchen zu zaubern.

Zutaten

FÜR 2 PERSONEN

1 TL Speisestärke

300 ml Mandelmilch

60 g Dinkelgrieß

1 EL Zucker

¼ TL gemahlene Vanille

2 Handvoll frische gemischte Beeren

1 TL Agavendicksaft

ein paar Schoko-Doppelkekse mit Cremefüllung (z. B. von Oreo)

Zubereitungszeit: 15 Minuten

Zubereitung

1. Die Stärke mit 1 EL der Mandelmilch glatt rühren. Die restliche Milch in einem kleinen Topf zum Kochen bringen. Grieß, Zucker und Vanille vermischen. Wenn die Milch kocht, die Temperatur auf mittlere Stufe reduzieren und die Grießmischung unter Rühren einrieseln lassen. Das Ganze 5 Minuten köcheln lassen, dabei mit dem Schneebesen ständig rühren. Zum Schluss die Stärke-Milch-Mischung ebenfalls unter Rühren hinzufügen und nochmals 1 Minute köcheln lassen.
2. Den Grießpudding direkt in zwei kleine Gläschen füllen und vollständig abkühlen lassen.
3. Die Beeren abbrausen und trockentupfen. Die Hälfte der Beeren mit einer Gabel zerdrücken und mit dem Agavendicksaft zu einer Sauce verrühren. Einen Keks fein zerkrümeln.
4. Den fertigen Grießpudding auf zwei kleine Teller stürzen und mit Beerensauce, Beeren und allen Keksen dekorieren.

Apfelgugelhupf

Mit diesem saftigen und fruchtigen Apfelgugelhupf habe ich schon einige Menschen glücklich gemacht.

Zutaten

FÜR 8 STÜCKE

etwas Butter für die Form

1 kleine unbehandelte Zitrone

2 Äpfel (à etwa 100 g)

2 Eier (Größe M)

60 g Rapsöl

100 g griechischer Joghurt

20 ml Milch

90 g Zucker

200 g Dinkelmehl (Type 630)

1 ½ TL Backpulver

¼ TL gemahlene Vanille

50 g Puderzucker

Zubereitungszeit: 20 Minuten

Backzeit: 25–30 Minuten

Zubereitung

1. Den Backofen auf 180 °C Umluft vorheizen. Eine Gugelhupfform (20 cm Ø) leicht einfetten. Die Zitrone waschen, abtrocknen, die Schale fein abreiben und den Saft auspressen.
2. Die Äpfel schälen, halbieren, entkernen und in kleine Würfel schneiden. Mit einem Spritzer Zitronensaft und dem Zitronenabrieb vermengen. Die Eier mit Öl, Joghurt, Milch und Zucker verquirlen. Mehl, Backpulver und Vanille vermischen und zu den feuchten Zutaten geben. Kurz verrühren, bis ein homogener Teig entstanden ist.
3. Die gewürfelten Äpfel unterheben. Den Teig in die Form füllen und 25–30 Minuten backen. Mit der Stäbchenprobe testen, ob der Kuchen durch ist. Herausholen und etwas abkühlen lassen.
4. Für den Zuckerguss den restlichen Zitronensaft mit dem Puderzucker glatt rühren und über den Apfelgugelhupf gießen.

Ice Cream Cookie Sandwiches

Cookies oder Eis? Die Entscheidung fällt mir immer schwer, deswegen habe ich beides einfach zu diesem leckeren Rezept kombiniert.

Zutaten

FÜR 12 SANDWICHES

100 g kalte Butter

50 g Vollrohrzucker

100 g Zucker

1 Pck. Vanillezucker

120 g Dinkelmehl (Type 630)

30 g gemahlene Mandelkerne

50 g Haferflocken

10 g Speisestärke

50 ml Milch

50 g ganze Mandelkerne

60 g frische Blaubeeren (Heidelbeeren)

12 Kugeln Eis (nach Wahl)

Zubereitungszeit: 20 Minuten

Kühlzeit: 30 Minuten

Backzeit: 9 Minuten

Gefrierzeit: 30 Minuten oder über Nacht

Zubereitung

1. Die Butter in kleine Würfel schneiden und zusammen mit beiden Zuckersorten, Vanillezucker, Mehl, gemahlenen Mandeln, Haferflocken, Stärke und Milch in eine Schüssel geben. Mit den Knethaken des Handrührgerätes oder mit den Händen zügig zu einem glatten Teig verkneten.
2. Die Mandeln grob hacken und etwa zwei Drittel davon unter den Teig ziehen. Die Blaubeeren abbrausen, trockentupfen, ebenfalls zum Teig geben und vorsichtig mit den Händen unterheben. Dabei aufpassen, dass die Blaubeeren nicht kaputtgehen. Den Teig für mindestens 30 Minuten in den Kühlschrank geben.
3. Den Backofen auf 180 °C Umluft vorheizen. Zwei Backbleche mit Backpapier auslegen.
4. Aus dem Teig etwa 24 Kugeln formen und diese mit genügend Abstand zueinander auf die Backbleche verteilen. Die restlichen gehackten Mandeln darübergeben und ganz leicht andrücken.
5. Die Kekse etwa 9 Minuten backen, bis die Ränder anfangen etwas braun zu werden. Herausholen, 10 Minuten auf dem Blech abkühlen lassen und erst dann zum vollständigen Auskühlen auf ein Kuchengitter legen. Anschließend die Kekse für mindestens 30 Minuten oder über Nacht ins Gefrierfach legen.
6. Zum Schluss je eine Kugel Eis auf einem Cookie platzieren und einen zweiten daraufdrücken. Die Sandwiches entweder sofort genießen oder wieder einfrieren und nach Bedarf aus dem Gefrierschrank holen.

Register

A

B

C

M

N

O

P

R

S

T

V

W

Z

Notizen

Notizen

Über die Autorin

Ronja Pfuhl ist professionelle Foodfotografin und gibt Fotografie-Workshops. Außerdem betreibt sie den Blog »Food'n'Photo«. Unter ihrem Alias »Miss Grünkern« (@miss_gruenkern) gehört sie mit über 145 000 Abonnenten zu den erfolgreichsten Food-Instagrammern Deutschlands. Ihr Account lebt von einzigartigen und farbenfrohen Fotos. Das Beeindruckende: Das Fotografieren und Stylen hat sie sich selbst beigebracht.

Impressum

Produktmanagement:
Sonya Mayer, Stefanie Gückstock

Redaktion: Franziska Sorgenfrei

Korrektur: Judith Bingel

Layout, Satz und Umschlaggestaltung:
Leeloo Molnár

Repro: Ludwig:media

Herstellung: Stephanie Schlemmer

Text und Rezepte: Ronja Pfuhl

★★★★★

Sind Sie mit diesem Titel zufrieden? Dann würden wir uns über Ihre Weiterempfehlung freuen. Erzählen Sie es im Freundeskreis, berichten Sie Ihrem Buchhändler oder bewerten Sie beim Onlinekauf. Und wenn Sie Kritik, Korrekturen, Aktualisierungen haben, freuen wir uns über Ihre Nachricht an:

Christian Verlag,
Postfach 40 02 09, D-80702 München
oder per E-Mail an lektorat@verlagshaus.de

Fotografie und Foodstyling: Alle Fotos in diesem Buch und auf dem Umschlag stammen von Ronja Pfuhl.

Illustrationen: rosa Cupcake: Ronja Pfuhl; S. 10 (Post-it): shutterstock.com/Lyudmyl Kharlamova; übrige illustrative Elemente im Buch und auf dem Umschlag desigend by Freepik.

Printed in Slovenia by Florjancic

Unser komplettes Programm finden Sie unter:

www.christian-verlag.de

Die Deutsche Nationalbibliothek verzeichnet diese Publikation in der Deutschen Nationalbibliografie; detaillierte bibliografische Daten sind im Internet über http://dnb.d-nb.de abrufbar.

ISBN 978-3-95961-377-4

Ebenfalls erhältlich ...

ISBN 978-3-95961-125-1

ISBN 978-3-95961-285-2

ISBN 978-3-95961-026-1

ISBN 978-3-95961-193-0

CHRISTIAN

www.christian-verlag.de